政治理論のパラダイム転換

両義性のポリティーク

杉田 敦 *Sugita Atsushi*

風行社

両義性のポリティーク／目次

1 「生権力」はどのように現れるか

（二〇〇六年二月）

――杉田さんは思想史がご専門である市村弘正さんとの共著『社会の喪失』（中公新書）で、「一部の人間が死ぬことによって多くの人間を活かそうというのが〝生権力〟の核心ではないか」とおっしゃっておられます。この見方は非常に理解しやすかった。全体の利益を守るためには、一部が犠牲になるのもやむをえない。例外状況を認めたうえで大多数が生き延びる、そういう戦略が「生権力」ではないかという議論だと理解しました。そこには当然、国家、政治というものが深く入り込んでいます。というか、生権力は私たちにとっては、政治そのものではないか。生権力を、現代の政治空間のなかに位置付け直すとどう捉えられるのか。

一部の人間とそれ以外の全体、あるいは少数と大多数、そういう対比は何も生権力に関係づけなくても、政治学の分野ではずっと議論されてきたことです。特殊利益か公益か、一部の者だけの利益か一般的利益か、こういう対比は以前からずっとあったと思います。現在の政治状況でいいますと、既得権益批判がその典型です。とにかく特殊利益、既得権益はダメ、つねに全体の利益を優先すべきである。その全体の利益を体現している者こそ私自身だ、と今のリーダーたちは主張していますね。

最近はあまりいわれなくなりましたが、かつてボナパルティズムという概念が政治学ではよく使われたものです。ナポレオン・ボナパルトやナポレオン三世のように、全体の利益を代表すると称して強権主義的な政治を行うことをボナパルティズムと呼び、政治学では警戒してきたわけです。

特殊利益概念というのは、非常に危険な面をもっています。というのは、利益というものは何らかの意味でみんな特殊利益だといえるからです。「それは特殊利益ですね」という言い方をすれば、何だって特殊利益になる。私たちが何か肩書きやポストをもっているとすれば、それはみんな特殊利益に関わってきます。ですから、特殊利益批判というのは、われわれの生活の基盤を、全部破壊していくような危険性をもっていると思うんですが、最近そうした危うさがとくに露呈してきているのではないか。今日の権力状況を考える時に、これは看過できない問題だと思っています。

1 「少子高齢化問題」という問題

もうちょっと見えやすいかたちで生権力に関わる問題としては、最近政治の場でよく話題に出される「少子高齢化問題」があります。まずこの言い方が問題です。少子化と高齢化というのは、本来別のものです。それを一体のものとして論じ、リンクさせようとすることが、そもそも問題だと思うんです。子供を産むか産まないかということと、お年寄りが増えているということとは、まったく別の問題です。なぜこの二つがつながってしまうのか。それはナショナル・エコノミーの全体について帳尻を合わせようとする考え方、すなわち生権力が働いているからです。要するに、誰が年金に必要な資金を負担するのかということを問題にすると、少子化と高齢化とが結び付いてしまう。負担の帳尻、負担の均衡という考えをもち込まなければ、この二つは関連づけられることはなかったはずなんです。

一方、「少子高齢化」という問題の立て方をすることによって、消されてしまった選択肢がいろいろとあります。たとえば、移民の受け入れという道です。人口が減少すると労働力が不足するとか、国民所得が減るとか、日本全体の活力が失われるとか、主に経済面から人口減少を悲観的に捉える論調が目立ちます。しかし、人口が減少して困るというのなら、外部から人に来てもらうというオプションもあるわけです。われわれの社会をより多様性のある、開かれたものにするうえでも、少なくとも検討の余地がある。ところが、そういう発想はなぜか出てこない。無意識なのか意識的なのかわかりませんが、そういうイシューというのはなぜか回避されているんです。もちろん、それをすぐに政府の陰謀だとか権力の仕業だという気はありませんし、マスメディアが陰で何か企んでいるとも思っていません。単純に日本国民にそういう想像力が欠けているにすぎないのでしょう。確かに、移民を受け入れた場合に起こりうる軋轢や社会構造の変化を考慮すると、それに伴うコストについても十分に検討し、議論する必要はあります。ただ、そういうオプションもあるということぐらいは想定されていてもいいんじゃないか。現状はそういうオプションすら考えられていないわけで、これは問題だと思います。

高齢化していくお年寄りを支えるのは同じネーション（国民）であって、しかもそのネーションは日本人という特定のエスニック・グループに限定されなければならない。こういう論理が割り合い普通に流通しています。少し冷静に考えれば、奇妙なことだと思うんですが、そういうことが問題にすらならない。

それからもう一つ、生権力との関係では、戦争について考えてみる必要があると思います。しかも、戦争という概念は、一般に考えられているよりも広がりがあるものです。市村さんとの対談でも、戦争のモチーフを前面に出して話をしたんですが、私の議論が唐突だったこともあってか、市村さんにも最初よく理解していただけなかった。その時私はこういったんです。冒頭あなたが質問された箇所です。

「一部の人間が死ぬことによって多くの人間を生かそうとする。それが生権力であり、生権力がもっともはっきりした形であらわれるのが戦争です」。「歩留まりがあれば、権力としては成り立っていられるのです。生権力的な視点からすれば、〈ほとんどの国民の健康が増進された。一部の犠牲者がでたが〉というわけです。翻っていえば、戦争に勝つというのもそういうことではないですか。国民から犠牲を一人も出さないような戦勝国などありえません。ある程度死んでも〈勝った〉といっているわけです」。

その上で、それを薬害の話につなげました。

「薬の話に戻せば、どんな薬も、動物実験に加えて、最後は人間で治験します。ある程度の犠牲を出すことで、薬というものは成立している。一部を犠牲にすることで、全体の利益を図ろうという構図がそこに明らかにある」。「薬害がどうかというよりも、私はむしろ、今の日本社会のように、健康で長生きしてハッピーだと思っていることがはらんでいる問題性を摘出したことが、生権力という概念のポイントだと思っています」。

私の中では生権力という概念を媒介にして、戦争と薬害の問題は、すっと結びつきました。

――文字どおり「むき出しの生」という点でも、両者はきわめて似ているとおっしゃっていましたね。病院に行くと丸裸にされ全身を検査され、手術室に入る時はついに肩書きさえ奪われて番号で呼ばれるようになる。これは兵士と同じではないかと。

医学では、細菌やウイルスを「殺戮し、がん細胞を殲滅する」という言い方をしますね。こういう考え方が、戦争を論じる言説の中に反映され、「あいつらはがんだから除去していい」とか「ばい菌だから殺していい」という話になっています。外国の政治体制の転覆が「外科手術」という比喩を使って正当化されたりもします。医学と戦争は、こうした面から見てもよく似ています。

2 一部にリスクを被せるメカニズム

さて、戦争というとたいていの場合対外戦争のことをいいます。外国との戦争、外部との戦争です。しかし、対外戦争は、同時に内戦を引き起こしているのではないか、というのが私の考えです。『境界線の政治学』(岩波書店、二〇〇五年)でも、政治理論家であるマイケル・ウォルツァーを批判するかたちで、徴兵というのはある意味で内戦だという考えを私は出しています。徴兵というのは、若い男性たちを犠牲にすることによって、他の人たちを生き残らせようとすることなんだと。ウォルツァーはコミュニタリアニズム(共同体主義)の立場から、共同体のために犠牲が出るのは当然だという考えを出しているわけですが、私はそうはいいたくないわけです。

戦争というものは、死んでもいい人(殺してもいい人)と、死んではまずい人と、人間のいのちにある種の格づけをする行為だといえます。敵であればどんな状況であれ殺してもいい。しかし、味方であれば殺してはならない。まず、そういう境界線が引かれる。次に、自分たちの内部でも、死んではならない者たちと、兵士のように敵と戦ってもらって、それで死ぬのなら仕方がない者というように格付けをする。

なぜそんな格付けをするのかというと共同体を存続させたいからです。いいかえれば、自分たちの属している群れを守りたいという、まさに生権力的な関心がそこにあるのです。群れを守るためには、力のない者が前線に立つよりは、若くて強そうな者が前面に立つ方がいい。それで、若く元気のある若い男たちが戦争の最前線に立つことになる。要するに、殺されてもかまわない人（犠牲になる人）たちです。おそらく人間ははるか以前から、そういうことをしていたと思います。だからそういうやり方は、いかに残酷であっても、簡単に否定できるようなものじゃない。それはわかるんですが、群れの内部を分節化して、犠牲になる者と守られる者とを明確にするということが、どういうコストを伴っているのか、やはり一度きちんと考えてみる必要があるように思います。

こうした観点から見てみると、戦争に典型的に表れるような事態が、それ以外のところにもあることがわかります。つまり、リスクを誰かに被せることによって社会全体を存続させるということが、けっこうあるんですよ。市村さんとの対談でもいいましたように、薬害問題がまさにそうでした。簡単にいってしまうと、薬害問題とは薬をたくさん投与されることで維持されているような、過度に健康志向の社会において起こった問題だということです。

薬漬け社会という言い方がありますが、まさに現代の日本はなんでもかんでも薬に頼っています。健康で長生きできる幸せな社会という理想を実現するために、国民は薬漬けにされているわけですが、まさにその過剰ともいえる薬依存の中で、いわばその副作用として出たのが薬害問題だったのではないか。

薬害問題はそれ自体けしからんことではあるんですが、それでは、その直接の当事者、つまり製薬会社やそれを管轄する国の責任を問えばそれですむことなのかというと、そうではないと思う。われわれの社会、つまり群れ全体がそういう方向へ向かうことをよしとしていたわけですから、その限りにおいてわれわれ自身にも責任の一端はあるはずなんです。薬によって支えられている現代の健康社会、その背景となる「健康イデオロギー」を支持しているのは他ならぬわれわれ自身です。問題の本質は、実はそこにある。

――そのことを問わずして、製薬会社や国の責任ばかりを追及することは、それ自体片手落ちではないかということですね。ただ、そういう意見は、かえって責任の所在をあいまいにさせてしまい、闘うべき相手を見えにくくするということはありませんか。

もちろんそういう反論はあるでしょう。実際こういう考え方に反発する読者も少なくないようです。やはり責任を局限すべきであって、薬害問題に対しては、製薬会社が毒を売ったのは事実だし、患者＝消費者はそれを知らされずに買わされたわけだから、どちらに責任があるかは明白。責任追及は、あくまでも製薬会社に局限すべきだという意見です。

しかし、これは、薬害のような問題に留まるものではありません。たとえば、戦争責任についても私は同様の考えをもっています。A級戦犯だけの責任にするのは、ある意味でもっとも収まりのいい論理だけれども、それによって、隠蔽された責任がある。一つは、いうまでもなく、天皇の問題です。同時に、戦争を支持し、協力した国民が現実にいた以上、その責任を無視するわけにはいかないと思っています。国民もまた、その関与の度合に応じて、戦争について一定の責任をもっている。このことを看過した結果、近隣諸国との間で、戦後処理問題が尾を引いていることはご存じのとおりです。

いずれにしても、一部の人間が死ぬとかリスクを被ることで、全体が生き残るというこのメカニズム、生権力を発見した点で、フーコーの仕事はアクチュアリティをもっていると思います。とはいえ、フーコー自身がこの概念を十分に展開しなかったこともあり、生権力についての理解が一般の人びとにまで浸透したとは思えない。というか、実際にはほとんど浸透していないんじゃないでしょうか。

——どの程度浸透しているかはわかりませんが、逆に浸透したことによる弊害というのはありそうな気がします。局限化できなくなったことで対抗勢力としての力を失ってしまったような……。

大学業界で浸透しているだけで、社会全体に浸透しているとは思えない。政治学の分野ですらほとんど浸透していません。大学といっても哲学や社会学の分野だけじゃないか。その点では、フェミニズムなどと同じだと思いますよ。

——業界以外のところまでというと確かに心もとない感じはありますね。

フェミニズムにしても、大学業界では確かに浸透していて、それどころかすでに陳腐化しつつある。いまさらフェミニズムがどうだとかいっているとかえってバカにされかねない。アカデミズムというのはえてしてそういうところがあるので、それは仕方がないとは思います。しかし、それならフェミニズムは世間に浸透したのかというと、実は全然浸透していない。依然としてきわめて乱暴な「家父長的」論理がまかり通っています。浸透させるためには、陳腐化を恐れず、それを言い続けなければいけない。フェミニズム業界では非常にベタに見えるようなことでも、あと一〇〇回ぐらいはいわないとだめで、たとえ陳腐化してもずっと言い続けようというのが私の立場です。

権力論においても同じです。ただ、先ほどもいわれたように、私のような議論をしていると、闘わなければならない具体的な敵が見えにくくなる。それを恐れる人には、私の話は伝わりにくいようです。

3　構造改革と粛清の論理

――六〇年代、七〇年代にも「内なる敵」という言い方がありました。眼前の敵は敵として、自分もそれと同質のものを抱えもっている。対抗するのであれば、自分自身も変わらなければならない。そういう自己批判のモーメントが一方にあったと思いますが、杉田さんのおっしゃることはそういう考えとも連動しているのでしょうか。

レーニン主義批判をやったかつてのニューレフトの考え方と何らかのつながりはあるかもしれませ

ん。ただ、ニューレフト的な言説は、後につながらなかった。その間に、グローバリズム、市場経済が急激な勢いで進行し、そういう言説が生み出されていたことすら忘れ去られてしまった。完全に途絶えてしまったわけです。

――そういう問題意識自体が変質してしまった？

それもありますが、もっと大きなことは、そもそもそこに問題があっても今は認識すらされていない。そのことの方がよっぽど大きな問題だと思いますよ。

――認識されないとは？

たとえば、かつて水俣病が社会問題として大きくクローズアップされました。当時、誰でもそれは問題だと思いましたよね。公害について一緒になって考えようという機運が高まりました。『社会の喪失』で市村さんが取り上げたドキュメンタリー映画のそれぞれのテーマ、国鉄解体や薬害、被差別部落や狭山事件について、そうした問題を共有し共に考えようという雰囲気はまだ当時はあったと思います。ところが、今はどうでしょうか。問題の存在についてすら気づかないんじゃないでしょうか。編集者がつけてくれたタイトルですが、まさに現代は「社会の喪失」といったような状況になっているといえます。

たとえば、今日もっと取り上げられていい問題として、自殺があります。一年間に三万四〇〇〇人以上が自らいのちを落としているというのはそれ自体異常なことですし、中高年層が多いのも大変に気掛かりです。ところが、ほとんど問題になっていません。マスコミさえあまり取り上げようとしない。これはなぜなんだろうか、大変不思議です。自殺の理由はさまざまあるでしょうが、やはり誰かを犠牲にすることで生き残ろうとする現代の「生権力」のありようが透けて見えます。

自殺を特殊な病理現象であるとか異常な現象だと受け止めている専門家はいるようですが、私はむしろいわゆる「構造改革」の進行と無縁ではないと思っています。新自由主義的な動きが凄まじいかたちで進行していることの帰結が、自殺というかたちで現れている面があると思っているんです。

それを端で見ている人間たちはどう受け止めているのか。まったく危機感がありません。それどころか、自殺者の増加を、構造改革が着実に進んでいる証だ、いわば一種の不良債権処理だと思うような、きわめてシニカルな雰囲気さえ蔓延している。

かつては労働者の連帯の要として組合がありましたよね。最近では組合はモラルハザードの温床的なものだという受け止め方がおどろくほど浸透している。連帯とは怠け者の擁護だといわんばかりの世論状況です。苛酷な競争に勝てない奴は落ちこぼれて当然だと。そうやって競争力を高めて行かなければ、みんなが沈没してしまう、というわけです。まさに、一部を犠牲にすることで、大多数が生き残るべきだという生権力が草の根から実践されているわけです。これは、一種の粛清ですね。合理化という名の粛清過程だと思います。

――なるほど。国民の大多数が生き残るためには、一年間に三万人以上の自殺者が出るのもいたしかたないことだと、われわれはどこかで合理化しているというわけですか。

ウイリアム・コノリーが『アイデンティティ／差異』（岩波書店、一九九八年）で面白いことをいっています。八〇年代のアメリカで台頭してきた草の根保守主義を分析しているんですが、彼ら草の根保守主義者はマイノリティがアイデンティティを強く主張することによる弊害を懸念するが、実は彼らこそもっとも強いアイデンティティの持ち主ではないかというのです。どういうことかというと、草の根保守主義者の中核をなすのはミドルクラスの白人たちですが、彼らはこういってるんですね。自分たちは一生懸命働いて妻子を養い社会にも貢献している。それなのに黒人やエスニック・マイノリティはなんだと。働きもしないで子供をぽんぽん産み、おまけに治安を悪くしている。しかも社会福祉の世話になっている。福祉国家というのは、そういうモラルハザードを基にしているからダメで、われわれのような健全な理性をもった市民たちが暮らしやすいように、マイノリティには厳しく対処しなくてはいけないと、草の根保守主義者は主張するわけです。彼らは自分たちが何か特別なことを主張しているとは思っていないんです。ごく普通の市民にすぎないと思っていて、その意味ではアイデンティティを強く意識するマイノリティ・グループとは対照的だと自認している。しかし、実は彼らこそもっとも強いアイデンティティを主張しているとコノリーは指摘する。自分たちは普通だと思っている、単なるマジョリティにすぎないと思っているがゆえに、実はもっとも強いアイデンティティを保持しているという。ある意味で、こういうアイデンティティの方が怖いわけで、集団化するとものすごい攻撃性を発揮するんです。
私は、一〇年ほど前にこの本を翻訳していて、日本もいずれこういう方向に行くかもしれないと思っていましたが、現状を見ると杞憂ではありませんでした。社会福祉が充実している方がいいとか、社会的な連帯が必要だとか、平等性を重視せよとかいっていた時代がうそのようです。そういうことがどんどん衰退していって、今はむしろフリーライド（ただ乗り）的なものに対する反発の方がずっと強くなっていますよね。普通の人びとの中にそういう意識の変化が生まれている。

――自分たちの中に敵を見つけ出す。そして一気に粛清に出る。

そうです。粛清というのは限度がないわけですから、こいつが危ない、いやあいつも危ない、なんてやっていくうちにどんどん粛清すべき対象が広がっていき、最後は誰も残らない。粛清というのはこのように限度というものがない。何より怖いのは、そういうことをなんとなくみんなわかっているとしても、簡単にはやめられないところなんですよ。やめるためには連帯の論理が必要になってくる。しかし、それを切り崩すところから生権力は駆動していくわけですから、堂々めぐりでそうしたメカニズムに飲み込まれていくしかなくなるわけです。ですから、粛清の論理の危険性をここでいくら強調しても、いったんそのシステムに取り込まれてしまうと、わかっていても抜けることは難しくなる。誰もが自分のサバイバル以外、何も考えられなくなる。そのこと自体がまさに粛清の論理の怖いところなんですね。

――スケープゴートをつくり出してとりあえず叩く。理由なんてある意味ではいらないわけですよね。何だっていいんですから。今の日本だと何ですか、外国人でしょうか。

移民者や外国人をスケープゴートにしたい人はいるでしょうが、むしろ今一番その対象になっているのは公務員でしょう。郵政民営化で起こった波は、今、公務員全体に広がっています。ゼネコンを叩き銀行を叩き、今度はいよいよ公務員叩きです。

4　閉じたデモクラシーの危険性

かつては、社会的な問題があれば、極端にいえばみんな政府のせいにしてしまえばすんだんですよ。本当かどうかわからなくても、とりあえず「政府が悪い!」といっていればよかった。公害や薬害や、景気が悪いのもみんな政府与党の責任だと。そういって政府を批判し叩く。イギリスやアメリカでは、実際そうやって時の政府を叩けば、政権交代が起こり状況が変わる面がある。それなりの意味があるわけですが、日本の場合、政府を叩いてもなかなか政権が変わるわけではないし、状況も大きく変化しない。次第に、政府を叩くということ自体しなくなってしまった。政府の失政が大きな原因であることは十分認識していても、じゃあ政府を批判すればよくなるのか、いや変わらないだろう、叩いてもむだなだけだと市民の方が思ってしまっている。今さら革命だといったって誰も耳を傾けないわけです。政府を叩いてもダメ、自分たちが悪いとは思いたくない、それじゃ、あいつを叩こうか、そういう感じになっているんだと思う。今は、たまたまそれが公務員に向かっているというわけです。

コノリーも指摘していることですが、自分たちは単なる一般市民であって、ことさらにアイデンティティを主張しているわけではないと思っている。それだけに、自分たちの意識や行動を変えなければならないとはけっして考えない。市場の中で競争するプレイヤーというアイデンティティを自明のものと見なしており、だから、市場競争にさらされていない公務員や公的セクターは、それ自体が不要であるか異常なものであるとして、これを叩けということになるわけです。

——それでスケープゴート探しを始めるわけですね。アイデンティティを主張するのはマジョリティの側だという考えは思ってもいなかったことなので新鮮に聞こえましたが、そうなると、ひとつ問題となるのはデモクラシーですね。多数決の論理を基準とするデモクラシーというのは案外危ないんじゃないですか。

そうです、デモクラシーには非常に危ない面があります。昔から政治学者が警告してきたことです。デモクラシーというのは、求心的なものです。ものごとを一つのところに集約していくような強い力をもっています。逆に権利や自由を主張するリベラリズムというのは遠心的です。両者は相反するところがあって、だからそのバランスをうまくとりながら進んでいくのがリベラル・デモクラシーなんです。

デモクラシーだけを重視すると社会は求心的にならざるを得ないし、また権利や自由を大幅に認めると社会は遠心的で拡散する方向に向かわざるを得なくなる。先にいったように、群れ全体の利益を守りたいという生権力的な発想は、リベラリズムよりもデモクラシーと相性がいい。主権概念もリベラリズムよりデモクラシーとの方が相性がよくて、たとえば、カール・シュミットなどはデモクラシーは認めてもリベラリズムは絶対に認めませんでした。私も市場を絶対化するようなリベラリズムは危ないなとは思っていますが、しかし、閉じたデモクラシーはそれよりもっと危険です。

――閉じたデモクラシーというのは、要するに、コミュニタリアニズムのようなものですか。冒頭の話に戻りますが、何よりも全体の利益を優先させることに腐心する。

たとえば小泉首相が国民全体の利益のために郵政民営化を断行したんだといったとしても、では国民全体とはなんですかと問われれば、彼は答えられないでしょう。簡単なことです、多数派のことですよ。

5　権力作用、生権力の二面性

たとえば、この言い方は全体の利益を考えると地方を切り捨てざるを得ないという論理とまさに同じです。全体の利益というと、聞こえがいいんですが、実態はある特定の部分にとっての利益を全体の利益と呼んでいるにすぎません。都会と地方の格差を戦後ずっと、縮めてきたわけですが、今は、もうこの辺で十分じゃないかという感じが広まっている。都会に住むサラリーマンは狭い家に住んで仕事もきつい。地方はゆったりとした土地に家をかまえて暮らしている。地方交付税をどっさりもっていかれて、むしろ都会の人間の方がよほど貧しいという怨念が蓄積している。もう地方への所得移転などやめて、地方は地方でやりなさい。まだ格差があるというのなら、その程度の格差はあった方がいいんじゃないか。貧しいなりにつましく暮らしていればいいのであって、われわれ都会に住む者の生活を脅かすのはもう勘弁してほしい。そういう酷薄な考え方が強まってきた。そういう格差社会を肯定したうえでの全体の利益という論理なんですよ。要するに、全体といっても多数派という意味なんです。普通の人の利益という言葉の裏には、端的にそうでない人たちを排除しようという意味が張りついているわけです。

――生権力のシステムがここにも浸透しているわけですね。

この辺のことは非常に微妙です。たとえば、勝ち組／負け組といいますよね。どう考えても自分は勝ち組になれそうもないとわかっているにもかかわらず、そのメカニズムを支持するという人たちがいっぱいいるんです。それは政府や財界に注入された虚偽意識だろう、と左派はいうわけですが、ことはそんなに単純ではない。自分は勝ち組になれないにしても、勝ち組を引きずり落としたらもっと今より苦しくなるのではないか、と思っている。

全体の生産力が落ちるわけですから。それより、勝ち組を支えておこぼれを回してもらった方がいい、という感じです。

——最初にお話された少子高齢化の問題と、今の地方対東京という構図は、完全に同形ですね。一種の飼い殺しというか……。

かつてナチスドイツがやろうとしたように、医療水準をずっと下げて高齢化しないようにするという政策は、もうとれませんよね。年寄りは死ね、というオプションはない。しかし、少子化の方はある程度の操作は可能です。子供をもっと産ませることは政策的にかなりやれます。で、高齢化はいじらないで少子化対策で帳尻を合わせようというのが今の考え方です。もっとも少子化対策というとソフトな印象を受けますが、結局は、若い女性のライフスタイルについて社会的な圧力をかけるなど、本来プライベートな部分に踏み込むわけですから、ある種の暴力性を伴います。

ただ、私がつねづねいってることですが、生権力というものは、全面的に否定できるものではないということです。生権力は必ず積極的な面ももっている。ネガティヴな面もあればポジティヴな面もある。そうした両面性を生権力はもっているんです。生権力の働きによって福祉社会が実現した面がある。それを否定することはできないでしょう。

国家権力一般についても同じような二面性を見てとることができます。悪い面はいっぱいあっても、だからといって国家権力を否定すればいいというものでもない。対談の中で、市村さんは国家は要らないけれど、国家と区別された社会は必要だという意見でした。私は、もうそういう意識はないですね。むしろ、権力から自由な「社会」というものを安易に想定することで、私たちはさまざまな権力作用を見落とすことになってしまうと思います。一方、生権力は国家権力を通じても現れますが、必ずしも否定的なものとして出てくるとは限らない。ある場面では、ポジティヴに解釈できることもあるんです。生権力とは、そういう二面性をもっている。というか、そもそも権力というもの自体が、二面性をもっているものなんです。私たちは単純な権力批判という「解」に逃げ込むことはできない。だからこそ、厄介なのです。

権力というのは、いいとか悪いとかいっても、つねにそこにあるものなんです。それとどうつきあうかは、最終的には個人の問題です。抑圧的な権力なら何とか抵抗しようとするでしょうし、とりあえずそんなにひどい目に会わないのなら、適当につきあっておく。権力そのものが多様な仕方で現れてくるわけですから、こちらも臨機応変に対応するしかないわけです。

権力は簡単に廃止できるようなものではないことだけは確かです。しかし、これはけっして絶望につながることではない。必要なのは、まずは自分たちがどのような権力の中にいるのかを認識することです。これまでお話してきたように、今、決定的に欠如しているのは、生権力をはじめとする権力作用についての認識です。権力を意識することなしには、権力を変えることもできないでしょう。それがすべての始まりです。

2 生権力と国家――境界線をめぐって

（二〇〇七年四月）

――このところ、「境界線」との関係で、政治について考えておられるようですが[1]。

ええ。しかし、読んでくれた人にも、真意は十分に伝わってはいないようです。私の書き方がよくない、ということがあるのでしょう。一番わかり易い例として、まず国境の話をしているのですが、それが躓きの石となっているようです。私自身は、さまざまなところに引かれている境界線の中で、国境線というものを特別視ないし特権化するつもりはまったくありません。それは、無数にある線の中の一例にすぎないのです。したがって、国境さえなくせば、われわれは今とはまったく違う、もっとすばらしい政治の中に入ることができる、といった考え方は私のものではありません。その手の考え方、「グローバルな市民社会」を夢見るような議論に依拠する人たちは、自分たちも線を引いている、ということを自覚していない点で、国境線を当然視する主権論者よりもいっそう問題だ、というのが私の立場です。

――国境線が排除的である、というのはわかります。しかし、「グローバルな市民社会」も何かを排除するのでしょうか。

もちろんです。一番はっきりしていることは、国境線を絶対化する主権論者のような人たちは排除されるだろう、ということです。「グローバルな市民社会」なるものに正面から異議申し立てし、一定領域内におけるすべての物事について、主権者が絶対的な決定をすべきだと論ずるような人びとは、「グローバルな市民社会」の中に居場所はないでしょう。

――それはそうかもしれませんが……。

今、あなたが感じておられるであろうような一種の違和感、それを、私の議論に接した多くの方々も感じるようですね。これに関連して、「自由主義者も境界線を引いている」という私の議論も、一種の詭弁のようなものとしてしか受け止められていないようです。しかし、自由主義もまた、たとえば国家主義とは相容れないでしょう。

――しかし、そういう言い方をしていけば、どんな立場をとろうが、何をしようが、境界線を引くことになってしまうのではないでしょうか。

それこそ、まさに私がいいたいことなのです。

――それは、何をしようが同じだ、どんな考え方をするのも同じだ、という相対主義につながるのではありませんか。

そうではありません。しかし、あなたが感じている焦燥感のようなものにも、理由があると思います。市民社会論にしても自由主義論にしても、国家に対抗する、というところに主眼があります。市民社会論とひと口にいっても、国家と市民社会という二分法を前提とするものと、国家・市民社会・市場といった三分法を前提とするものとがありますが、いずれにしても、そこでは、国家や市場が暴力と支配の領域であり、したがって否定されるべき領域であるのに対して、市民社会はそれとは切り離された領域とされます。一方、自由主義についても、これをひと口にくくることは難しいですが、私は、権力と自由とを対立したものと見なすことに自由主義の最大の特徴があると思っています。そして、多くの自由主義者は、国家に権力が集中していると見なし、国家の役割を小さくすることが自由への道だと考えるわけです。

どちらの場合も、境界線を引いていることは明らかです。つまり、境界線によって分けられた一方の領域に問題が集中していると見なし、それ以外の領域、つまり境界線の「こちら側」には問題はないのだ、という考え方がそこにあります。国家のみが政治的な「悪」でいわば「汚染」されており、それ以外は無垢である、という見方です。

私は、こうした思考枠組みそのものの妥当性を問題にしようとしており、それは、これまで、かなり長い間、政治理論が自明の前提としてきたものの問い直しを含んでいます。したがって、それは、容易に理解されないし、仮に理解されても受け容れられないかもしれません。

――単純な図式主義に陥るべきでない、というのはわかります。しかし、実際にこれまでの長い間、国家こそが問題の焦点であり続けてきたとすれば、そこに関心を集中させたとしても、むしろ当然ではなかったのですか。

そもそも、国家が問題の焦点となっていたというのは正確ではありません。むしろ国家は遠近法における消出点のようなものになっていたというべきでしょう。この数十年の間、国家そのものについて考えるということを、政治理論はほとんどしてきませんでした。ドイツ国家学の伝統が断絶した後は、マルクス主義系の国家論以外には、国家論と称するものはほとんどありませんでした。そして、マルクス主義系の国家論は、国家そのものに関心を寄せるわけではなく、階級関係がすべてを規定するという決定論的な考え方から徐々に離脱していく過程で、国家にさえ、一定の自律性をいやいや認めざるをえなかった、ということにすぎません。

現代の政治理論の中心は、先ほどからふれているような、市民社会論ないし自由主義論的な系譜によって占められていました。そこでは、国家とは、そこから離れていく道筋を考えるために前提とされる点、以上のものではなかったのです。こうした考え方の背景には、国家などなくてもやっていけるはずだ、という政治学者の共通の意識がありました。しかし、一般の人びとは必ずしもそうは考えません。人びとは、セキュリティというものをきわめて重視するからです。そして、セキュリティを供給してくれそうに見える、という理由だけで、人びとが国家を支持するのに十分なのです。このことを、政治理論は軽視しすぎてきた、というのが私の印象です。

――セキュリティへの関心の高まりは、9・11以後の現象、ということでしょうか。

9・11をきっかけに、誰にも見えるほどはっきりしてきた、ということはいえます。しかし、9・11以後に突然そうした現象が生じた、とは思いません。それどころか、政治というものは、いつでも、どんなところでも、セキュリティ要求と不可分であったはずだ、と私は考えています。

そもそもセキュリティとひと口にいってもさまざまなものがあり、暴力などによる危害を受けないという、消極的に表現されるセキュリティもあれば、何らかの給付を受けることができるという、積極的に表現されるセキュリティもあります。しかし、いずれにしても、人びとはセキュリティを求めるものであり、セキュリティを求める人びとがつくり出すのが政治秩序である。ホッブズが述べたことは、まさにこれです。ホッブズは、「自然状態」では人間の生活は、「孤独で、貧しく、険悪で、残忍でしかも短い」と表現しましたが、これはセキュリティが欠落した状態のイメージとして秀逸なものです。ホッブズの重要な功績は、各人がそれぞれにセキュリティを追求しようとすると、かえってセキュリティが得られないという逆説を指摘した点です。個人的には、必要なら他人から奪ったり、他人を殺してでも自分のセキュリティを追求した方が得なはずです。ところが、皆がそういう行動をすると、結果としてセキュリティの水準が下がり、全員が不利益を受けることになる。個人的に最良の選択が、集合的なレベルでは異なる結果につながる、というのはゲーム理論などでよく扱われるテーマですが、ホッブズはその先駆であるといえるでしょう。そして、ホッブズは、こうした逆説への「解」は、単一の「主権者」以外の全員が、個人的なセキュリティの追求を断念することにあると考えました。そうすることで、「主権者」が統一的にセキュリティを実現することが可能になる、としたわけです。

――セキュリティを得るためには、セキュリティ追求を断念した方がよい、という説得を人びとにするわけですね。そんな説得を人びとは受け容れるものでしょうか。

それ以前に、人びとがそうした説得をされている、とどういう意味においていえるのかがまず問題です。私自身、強調してきたことですが、ある政治秩序がつくられる時には、実際には説得などなしに文字通り暴力によって強制される、ということが、歴史的にはむしろ普通です。二〇世紀においてはベンヤミンがもっとも明確なかたちで述べたように(2)、秩序は自発的な契約によってよりもむしろ、暴力によってつくられることが多い。こうした観点から見れば、ホッブズのような議論はまったくのおとぎ話であるか、すでに成立した秩序を正統化するためのまやかしであるということになるでしょう。

こうした観点を私も大切にしているのですが、同時に、ホッブズは、非常に鋭い点を衝いているとも思います。セキュリティを得るためには、セキュリティ追求を断念した方がよい、というのは荒唐無稽な説得どころか、今でも、日々人びとに対して投げかけられているオプションであるし、しかも、多くの人びとが、それに対して肯定的に反応しているということがあるからです。

――それは、どういうことですか。

一番わかり易い例は、監視カメラでしょう。行動を監視され、記録されることで、個人レベルでのセキュリティは下がる面があるといえます。そうして得られた情報にもとづいて、何か不利益なことをされる危険性があるからです。しかし、監視カメラの設置に反対する世論は、日本でも欧米でもきわめて弱い。カメラの存在が「抑止力」になって、かえってセキュリティが高まる面があるし、事後にカメラの映像を利用して、セキュリティの回復を図ることができるかもしれない、というわけです。つまり、人びとは、ある種の「計算」をしているわけです。この計算が正しい計算だという保証はもちろんありません。どこかで変数が狂っている可能性は十分にある。たとえば、犯罪の脅威がマス・メディアを通じて過度に強調される、といったことがあるかもしれません。しかし、それでもなお、人びとが一定程度「自発的」にそうしたオプションを採用している側面を無視できないのです。私は、国家というものについても、こうした観点で見る必要があると思っています。つまり、国家がないよりもあった方が、セキュリティが高まるのではないかという人びとの計算によって支えられている面がある。だからこそ国家というものはしぶとく生き残っているのだと思います。

――本当にそうでしょうか。国家とは、究極的には社会内の特定の部分、すなわち支配階級などの利益のために他の部分を抑圧する暴力装置である、という考え方の方がまだしも説得的に思えるのですが。

最近、一部にそういう考え方が復活しつつあるようですね。(3) いわゆる経済のグローバル化の中で、経済格差の拡大などの結果として、社会内に亀裂、つまり境界線が走っているという見方が強まっていることと無関係ではないでしょう。先ほどもふれたように、私自身、国家が暴力によって強制的につくられ維持される側面がある、ということは認めています。また、階級という単位の間の対立、すなわち社会階級間の境界線をめぐる政治があることを否定するものではまったくありません。まぎれもなく、それは存在します。しかし、同時に考えなければならないのは、国家の廃絶に向けた革命が、なかなか起こらないのはなぜかということです。ある程度成熟したデモクラシーにおいては、革命は起きていません。マルクス主義者たちは、これを基本的に「虚偽意識」によって説明しようとしてきました。すなわち、支配階級が被支配階級に対して、融和的な意識を注入することによって、実際には存在している階級間の境界線を隠蔽している。その結果、被支配階級は階級意識に目覚めることができず、革命を起こせないのだ、というわけです。

これは、先ほど述べたような、一般の人びとによる「計算」をどこまで真剣に受けとめるか、という問題に関係します。虚偽意識論の立場からすれば、一般の人びとは計算などをする状態にはない。境界線があることを知りながら、それを肯定したり無視したりしているのではない。そもそも境界線の存在を見えないようにされているのだ、ということになるでしょう。また、百歩譲って計算があるとしても、その計算はすり替えられた変数と歪められた方程式によるものであって、計算の体をなしてはいない、ということになるでしょう。

私の考え方は少し違います。歪められたものではあるにしても、計算は行われている。もちろん、その際の人びとの意識は、何物にも拘束されていないという意味で「自由」なもの、などではありません。しかし、そのような「自由」など存在するでしょうか。フーコー以後の今日、広く共有されているように、主体になることは同時に従属することでもあるからです。しかし、それが同時に意味しているのは、従属しているとしても、ある程度は主体であるということなのです。規律権力によって、ある「鋳型」の中にはめ込まれることによって、はじめて人は、自ら語り、契約を結ぶような主体にされる、ということです。体制が、暴力のみによって押し付けられたり、単にイデオロギーとして注入されたものであるなら、むしろ事は簡単です。暴力に対抗する暴力、あるいはイデオロギーに対抗するイデオロギーによって、事態を変えることができるかもしれません。しかし、そうした側面をも含みながら、ある程度自発的に選び取られている面がある。だからこそ国家というものはしぶといのであり、一筋縄では行かないと思っています。

——革命がない、といわれましたが、反・グローバリズム運動についてはどう思われますか。

重要なものだと考えています。現在の、ますますグローバル化しつつある市場経済は、一見国家という境界線を相対化するようにも見えるが、実際にはそうではなく、むしろ両者は連携し合って、グローバルな支配秩序のようなものをつくり上げている。こうした認識の下に、そのような秩序に対する異議申し立てをしているのが反・グローバリズムの運動だと思います。私はそれに共鳴するところが大きい。しかし、かといって、ネグリとハートのように、そこに過剰な期待をするのもいかがなものでしょうか。(4)

これは私自身の焦燥を込めていうのですが、国家や市場経済に代わる枠組みがなかなか見いだせない。先ほどから述べているように、一般の人びとはセキュリティを重視しているので、彼らのセキュリティ要求を満足させるようなオルタナティヴを示さないかぎり、展望がないのではないか。

もちろん、国境という境界線に囲い込まれたからといって、それほどセキュリティが高まるわけではない、ということはいくらでもいえます。9・11にしても、事件で使われた航空機は国内線でしたし、いわゆるテロ事件のほとんどは、その国の国籍をもつ市民によって行われている、という事実は何よりも雄弁にこうした点を物語っています。消極的な意味のセキュリティに関してもそうですが、積極的な意味のセキュリティ、つまり福祉をはじめとする生活保障に関しても、今日、国家の役割はますます限定されつつあります。また、市場経済の酷薄さも広く認識されつつあります。グローバルな競争の中で、割高とされた労働力は容赦なく切り捨てられている。ですから、国家や市場がセキュリティ装置として十分に機能しているか、といえばそうではない。しかし、だからといって、それ以外に何があるのか。これが、今日、多くの人びとが感じている閉塞感の原因だと思います。

ネグリとハートが「マルチチュード」と呼んでいるのが具体的には何者なのか、必ずしも明らかではありませんが、国境を越えて移動する労働者たちがまずもって想定されているようです。そして、そうした人びとによるいわば反乱に期待している。私自身も、今の状況の中で、そういう抵抗の動きに期待したいところもありますが、同時に、そうした動きが仮にあったとしても、それに対する反動もまたきわめて大きいだろうし、反動はけっして一過性のものにはとどまらないだろう、とも思います。これまでのところ、反・グローバリズム運動を主導するヨーロッパの労働組合は、移民の権利などを尊重し、移民と共闘する立場をとっているようで、立派なことだとは思います。しかし、労働者の国際的な連帯を標榜しながら国家間戦争に加担していった第二インターナショナルの例もあるように、長期的に維持できるかは、なかなか難しい面があるでしょう。移動する人びとに仕事を奪われる、という脅威の意識から、国境を再確立し、その中に立てこもろうとする人びとは現にふえつつあるし、彼らを説得するのはそう容易ではないと考えています。

――人びとがセキュリティを求めるということを強調されていますが、セキュリティよりも自由を求める、ということはないのでしょうか。

政治理論家はそう考えがちです。人はセキュリティの名の下に隷従を余儀なくされるよりは、孤立しても自由を選ぶはずだ、ということが広く前提とされてきました。もちろん、私にしても、人は自由など求めないとか、隷従を好むなどというつもりはありません。「セキュリティより自由が大事」という考え方に対して、「自由よりセキュリティが大事」という説を唱えたいわけではありません。むしろ、私がいいたいのは、多くの人びとにとって、自由とセキュリティは対立するものというよりは、不可分のもの、ないし相互規定的なものととらえられているということです。これは、消極的な意味でのセキュリティについてもいえます。治安の安定なしに、ただ抽象的にどんなことをしても構わないと請け合われても意味がない、ということです。さらに、積極的な意味でのセキュリティに関しては、より両者の連関は強く意識されます。「橋の下に寝る自由」という言い方は、古来、セキュリティの保障なしに形式的な自由だけが保障されている状態への皮肉として通用してきました。現代において、こうした問題についてもっとも雄弁に論じているのは、おそらく、経済学者のアマルティア・センでしょう。健康で文化的な生活が確保され、自分の能力を生かすための資源がないところで、自由を論じても仕方がない、というのは、多くの人びとにとっては自明なことです[5]。ところが政治理論の歴史では、人びとに衣食住を供給したり、生活面でのケアをすることが政治の一部であるという考え方は、表舞台からは長らく排除されていました。

フーコーが指摘するところでは、こうした排除はプラトンにまで遡るものです。人びとの群れに餌を与え、面倒を見るのは農夫や医者の仕事であり、政治家の仕事とは、そうした「動物飼育術」とは別の、国家そのものの維持にあるとされたのです。しかし実際には、政治とは積極的な意味でのセキュリティ供給も含む、という考え方が消滅したわけではなかった。そして、いわゆる「国家理性」論と共に、そうした考え方が前面に出てきたのだ、とフーコーは指摘します。人間の群れ全体の活力を高めることが、「国力」の充実と観念され、それが政治の目的そのものになるわけです。フーコーが「生権力」と名づけた、こうした政治のあり方は、今では広く知られているところでしょう。そして、そうした全体的な戦略を進めるために、個々人に対しては、セキュリティの確保に適した人間になるよう、規律権力が加えられることになります。しかしながら、こうした「動物飼育術」から「国家理性」に至る流れは政治理論の中に正当に位置づけられることなく、プラトンから主権論に至る流れが支配的であった、というのがフーコーの見立てなのです(6)。

私は、このフーコーの指摘をきわめて深刻に受けとめています。生権力についてひと言だけ付け加えておけば、これが、「生かす」権力であると同時に「殺す」権力でもありうる、とフーコーが述べたことは、重要な意味をもっていると思います。

——どういうことでしょうか。

生権力とは、群れの健康と繁殖を目的とするものです。そのために、公衆衛生を高めたり、福祉を行ったりする。これは、積極的なセキュリティの増進であり、多くの人びとにとって歓迎されうる面があります。しかし、ハンセン病患者の隔離政策や、優生学に見られるように、群れ全体の都合のために、一部の人間に対して、これをどこかに収容したり、危害を加えたりするということも行われるのです。

その意味で、生権力が暴力的なものとなりうることは念頭においておく必要があるのです。これは過去の事ではありません。医療技術の進歩と共に、出生前診断にもとづいて、特定の「望ましい」条件を備えた胎児だけを「生かし」、そうでない胎児を「生かさない」といった境界線を引くことが可能になりつつあり、そのことの是非が大きな問題となっていることはご承知の通りです。それに限らず、人間の身体そのものに対する技術的な介入の能力が高まることで、生権力がこれまで以上の広がりと密度とをもって強化される可能性が出てきています。

さらに、戦争をどうとらえるか、ということがあります。戦争とは、ある群れを守るために、その群れの外部とされた人びとを殺すということです。すなわち、生かされるべき人びとと、生かす必要がない人びととの間に境界線を引くのが戦争です。同時に、戦争の際には、国内においても「敵」があぶり出され、粛清のプロセスが始まることがよくあります。外戦と内戦とは、なにも最近になってその境界線があいまいになってきたわけではなくて、もともと、つながっているものです。戦争というものをこのようにとらえると、それが、群れのケアを目的とする生権力の一つのあらわれであるといっても過言ではないでしょう。

——現代においては、戦争は国民（ネーション）間の総力戦として戦われてきました。そうしますと、これは生権力の全面化ということを意味しているのでしょうか。

その通りです。戦争は、かつては王侯貴族の利害追求に起因し、一般の人びとにしてみれば、それは迷惑なだけで、そこから利益を得ることはできませんでした。だからこそカントは、君主制を共和制に変え、一般の人びとが政治的決定に参加するようになれば戦争はなくなるはずだと考えたわけです。しかし、同質性を備えた群れとしてのネーションという考え方が普及し、国家を守るのは国民軍であるということになり、しかも、実際に国民経済の将来をかけてネーションが相互に戦い合うようになってしまうと、戦争は一般の人びとの利害と結びついてしまったわけです。そこでは、民主化が即、戦争の否定につながるという牧歌的な考え方は通用しなくなったと見るべきです。自分たちにとって利益だということになれば、人びとは戦争を肯定しうるからです。これが単なる論理的な可能性でなく、現代史において多くの裏付けをもっていることは、いちいち指摘するまでもないでしょう。

——つまり、国民の「計算」が戦争を支えた、ということですね。戦争が国民を巻き込んだ、という見方を否定するわけでしょうか。

そうではありません。先ほどから述べているように、私は二者択一的な見方は不毛だと思っているわけです。もちろん、個々の文脈において、心ならずも戦争に動員された多くの人びとがいることを否定するつもりは毛頭ありません。実際に、そうしたことはありました。しかし同時に、国家という抽象的な実体や、その背後にいる一部の支配階級が、無垢な国民を一方的にだました、という考え方も一面的だと思います。そうした考え方では、現代における国家と戦争をめぐる真に深刻な問題を迂回することになる。すなわち、一般国民の戦争責任というものが、一定程度ある場合がある、ということです。

――生権力に注目している現代の理論家として、ジョルジョ・アガンベンがいますが。

アガンベンは、生権力と例外状態との密接な関係を指摘している点で注目されると思います(7)。彼は、秩序が成立する時には、秩序でないものが排除され、しかもそれが同時に包含されるのだ、といいます。奇妙な言い方ですが、先ほどもふれたホッブズの自然状態との関係で考えれば理解できないこともありません。自然状態とは、秩序がない状態のことです。ところが自然状態は、いったん秩序ができたらなくなってしまうのか、といえばそうではありません。秩序の中にいる人びとは、つねに自然状態のことを念頭に置き、それをおそれるがゆえに秩序を支え続けるものと期待されている。その意味で、自然状態というものは、秩序が維持されるために、その中で必要とされているともいえるわけです。カール・シュミットもまた、ホッブズの自然状態論に重大な関心を寄せており、彼は例外状態論というかたちで議論を展開しました。アガンベンも述べているように、シュミットは、憲法に規定された権利等が停止される例外状態についての規定が憲法の中に含まれているのはなぜかを、以上のような文脈で考えたわけです。「主権者とは例外状態について決定するもの」というシュミットの議論は、例外状態というものが政治秩序の形成にとって果たしている重要な役割を述べたものです。

アガンベンはまた、秩序でないものが排除され、しかも同時に包含されているという関係を、人間の身体によって体現しているのが、ローマ時代に「ホモ・サケル」と呼ばれた人びとであったといいます。大罪を犯したがゆえに、法的保護の埒外に置かれ、直ちに殺される対象ではないが、殺されても問題がない存在として、いわば「宙吊り」になった人びとです。そして、アガンベンは、こうした人びとの運命を、二〇世紀において強制収容所に収容された多くの人びとの運命に重ね合わせるわけです。誰が生きるべきで、誰が殺されてもかまわないか、その境界線を引くのが生権力の作用であるとすれば、生権力は、自然状態ないし例外状態の排除・包含を通じて政治秩序を形成する主権的権力と表裏一体のものであるといえる、というわけです。

――そうした議論について、どう評価されますか。

アガンベンの議論は、政治というものをとらえる上で、セキュリティへの関心が焦点であるという認識において、私と一致するものです。若干の違いがあるとすれば、そうしたセキュリティの政治を歴史上最近になって出現したものと見なすのか、それともむしろ政治というものの発祥以来のものと見なすのか、というあたりの違いでしょう。アガンベンは、緊急状態ないし例外状態が「常態化」したという言い方をしています。常態化とは、もともとノーマルとはされていなかったものがノーマルになる、という変化を指し示すものです。つまり、例外状態は、かつてはそれでも例外的なものとして封じ込められていたが、いつかそれが日常的なものに浸透して行き、ついには緊急と日常、例外と規則とが不分明な状態にまで至ったのだ、というのです。彼は、こうした変化のプロセスについて歴史的に明確な定式化をしているわけではありませんが、アレントへの彼の言及の仕方などから類推するかぎり、例外状態の常態化（つまり、全体主義の成立）を、基本的には現代の現象ととらえているようです。

私も、そうした見方が理解できないわけではありません。二〇世紀の経験、そしてそれ以上に、二一世紀の数年間にわれわれが経験したものは、まさに例外状態の「常態化」という言葉で表現するしかない相貌を見せています。しかし同時に私は、一七世紀の内戦の中で、すでにホッブズが、政治秩序と自然状態との複雑な関係を考えていたことの意味を、より重視したいとも思っているのです。二〇世紀のホロコーストの経験を比類なきものと見なすことで、人類史を貫くものを見落とすようなことがないようにしたいものです。

――先ほど、国家の成立も、生権力も、国民の「計算」によって支えられている面があるといわれました。そうしますと、例外状態もまた、国民の「計算」に依拠しうるということになるのでしょうか。

その通りです。これまで、例外状態というものは、「権力者」によって一方的に押し付けられるものであり、デモクラシーとは本来的に両立しないものだ、という考え方が流通してきました。しかし、私は、人びとが自発的に例外状態を要求する、ということがありうると思っています。その場合の「計算」は、大きく二つの部分から成っているといえるでしょう。一つは、数をめぐる計算です。排除・包含される「ホモ・サケル」やユダヤ人のような人びとは、「少数派」です。これは、実際に彼らが少数にとどまる、ということをいっているのではありません。計算をしている人びとが、「あれは少数者の迫害にすぎず、自分たち多数派には及んでこない」と想定しているということです。その上で人びとは、少数派のセキュリティを断念することによって、「全体」(すなわち多数派の側)のセキュリティが保たれるのであれば仕方がない、と考えるわけです。こうした計算をしている人びとに対して、これまでの政治理論家は、それは「多数者の専制」であるとか、正義の原則に反している、という説得をしてきました。そうした説得はこれからも続けるべきだと思います。しかし同時に、そのような説得が即効的なものでない、ということを意識するほかないでしょう。確かに少数派はかわいそうではあるが、それに同情するあまり、秩序全体が崩壊するようなことになっては何にもならないのではないか、という考え方を突き崩すことは、けっして容易なことではありません。

例外状態は、もう一つには、時間をめぐる計算とも関係しています。例外状態は、「短期間」であるとされるところに、その特徴があります。これもまた、実際に例外状態がすぐ終わる保証がある、ということではありません。それどころか、これまで政治理論家や憲法学者が危惧してきたように、例外状態というものは、いったんそこに入ると、きわめて長期にわたって、場合によっては永遠にそこから抜け出すことができない底なし沼のようなものかもしれません。しかし、例外状態について計算の対象にできると考える人びとは、そうは見なさないわけです。例外的な短期間を我慢することによって、より長期にわたる秩序を維持できるのであれば仕方がない、と考えるわけです。これについても、反論することは容易ですが、冷徹な計算をしていると自任する人びとの意見を変えさせるのはきわめて困難であると思っています。

――「多数者の専制」が生権力を支えている、というご指摘は興味深いのですが、そうした考え方は、多数決にもとづくデモクラシーへの懐疑につながりませんか。

アガンベンは主権的権力について論じるにあたって、君主主権と人民主権との違いについて論じていません。これは、彼のこれまでの議論の弱点の一つであると思っています。主権概念の連続性そのものを前提とすることはよいのです。それ自体、重要なことです。しかし同時に、人民主権というものがもっている特有のメカニズムについても注意を向けるべきでしょう。これまでに述べてきたように、私は、現在の政治において、一般の人びとが、これまでのどの時代におけるよりも、政治的決定に影響力を及ぼすようになったと考えています。つまり、一方的に「権力者」から権力を行使されている単なる「客体」ではなく、「主体」としての側面をももっているということです。生きるべきものと死すべきものとの間の境界線や、守られるべきものと守られる必要のないもの、といった境界線の画定は、国民一人ひとりの計算に依拠している面があるのです。こうしたデモクラシーの実現自体は、基本的に望ましいことであると思っています。私がデモクラシーに絶望することは、けっしてない。しかし、セキュリティとデモクラシーの関係が、特別の注意を要する問題としてわれわれの前にあること。そして、これまでの政治理論が、それを十分に扱って来なかったことだけは、どれほど強調しても強調しすぎということはないでしょう。一人ひとりが抱いているセキュリティへの関心。それが真剣なものであればあるほど、ホッブズ的な「計算」が優位を占める可能性も大きいのです。

（この「インタビュー」は著者本人によって構成されたものである）

注

（1）杉田敦（二〇〇五）『境界線の政治学』岩波書店。

（2）ヴァルター・ベンヤミン（一九六九）『暴力批判論』野村修訳、晶文社。

（3）一例として、萱野稔人（二〇〇五）『国家とはなにか』以文社。

（4）アントニオ・ネグリ＝マイケル・ハート（二〇〇五）『マルチチュード（上）（下）』幾島幸子訳、日本放送出版協会。

（5）齋藤純一（二〇〇六）『自由』岩波書店。

（6）ミシェル・フーコー（一九九三）『フーコーの〈全体的なものと個的なもの〉』北山晴一訳、三交社。

（7）ジョルジョ・アガンベン（二〇〇三）『ホモ・サケル』高桑和巳訳、以文社。

3 憲法とナショナリズム

（二〇〇七年六月）

憲法は、ネーションという単位を越えた価値理念にかかわるが、同時にナショナルな法という側面をもっている。憲法をどう評価するかは、ネーションというものにいかなる可能性を見出し、あるいはどのような危険性を想定するかと密接な関係にある。ここでは、そもそもネーションとは何か、ナショナリズムとは何なのかという基礎的な考察から出発した上で、日本国憲法をめぐるさまざまな議論とナショナリズムとの関係について整理してみたい。

1　ネーションとナショナリズム

ネーションとは何か

一般に、何らかの意味で同質性をもつと想定される人びとの群れがネーションである。エスニシティ、宗教、言語的特徴などのさまざまな要素の全部または一部を共有しているものが、ネーションとされることが多い。もちろん、実際にはこれは擬制であり、いかなるネーションの中にも差異を見出すことができる。ナショナリズムについての古典的な著作が、すでにそのことを認めていた（ルナン、一九九七）し、近年のポスト・コロニアル研究などによって、それぞれのネーション内部にある差異の存在は詳細に解明されてきた。しかし、こうした事実があるからといって、ネーションを想定することが不可能になるわけではない。「彼ら」と区別される「われわれ」というかたちで、相対的に同質性の高い集団を特定したいという意志を人びとが強くもち、それができるという信憑が広く受け入れられているかぎり、ネーションは成立する。

ところでネーションという言葉は、ある政治社会を構成する人びとの総体という意味で用いられることもある（シェイエス、一九五〇）。この意味でのネーションが、統治システムとしての「ステート」と密接な関係にあることは明白であろう。あるステートが管轄する対象の範囲として囲い込まれた人びとがネーションであり、逆にある特定の群れ（ネーション）を統治する機構がステートである。君主主権の場合と人民主権の場合とを比べると、後者の方で、ネーションの範囲を確定することの要求度が高いのは、前者では、ネーションが君主の命令としての法を一方的に受け取る側にすぎないのに対し、後者では、ネーションは法を受け取ると同時に、自ら法をつくり出す主体でもなければならないからである。命令の受け手の範囲が不明確であっても、命令を出すことはできるが、命令を出すのが誰かを確定することなしには、そもそも命令を出すことはできない。あるステートがかかわるネーションの範囲、すなわち市民権（シティズンシップ）の範囲を明確化する要請が高まったのが、市民革命以後であることとは、こうした事情による。

ネーションの同質性と政治的シティズンシップとは、本来は別の話である。同質性を共有しなくても政治社会を構成することは可能であり、たとえば帝国という枠組みは、そうしたものであると考えられる。逆に、同質性を有する集団であっても、それが典型的なかたちのステートをもたないということもありうるのであり、いわゆる部族社会はその例である。しかし、人民主権を標榜するフランス革命以後、ネーションの二側面は表裏一体であるべきだとされるようになる。人民主権が成立するためには、人民が一つの意志（一般意志）を共有することが必要であり、そのためには人民は同質的であるのがふさわしいとされたからである。こうして、フランス革命以後、言語をはじめとするさまざまな分野について、「規律権力」の作用によって同質性が意図的につくり出されることになった。

主権を担う同質的な市民集団の形成というこうした「政治的」な説明に加えて、もう一つの説明も可能である。それは、人びとの群れの繁栄を図るためにネーションがつくられてきたという、いわば「経済的」な説明に他ならない。人びとは、かつてはごく小さな範囲でしか相互にコミュニケーションすることはなかった。しかるに産業化を進めるためには、さまざまな地域から集まった人びとが複雑な共同作業を行えるようにしなければならず、そのために、言語的・文化的な同質性が必要になる。教育などの領域で規律権力を作用させて、ネーションという単位内に共通の言語を注入することには、コミュニケーション可能なある程度大きな集団をつくるという、こうした経済的動機づけがあったとされる（ゲルナー、二〇〇〇）。

仮にそれが正しいとしても、産業化が必要であると考えられるようになったのはそもそもなぜなのだろうか。産業化によって生産力を上げる必要が生じたのは、ある一群の人びととの生活を保障することが、権力の目的であるという考え方が広まったからではないだろうか。ある特定の人間の群れ全体の健康や生活水準を高め、その群れを増殖・繁栄させること自体を目的と見なすような権力の成立である。一六世紀の「国家理性」論などに始まるこうした権力の系譜こそが、産業化を要請し、それが同質的なネーションの要請につながったと考えられよう（フーコー、一九九三、杉田、二〇〇五a）。

シティズンシップの両義性

同質的な集団としてのネーションは、政治社会の構成員としての地位（シティズンシップ）を確定するという観点と、安定した生活（セキュリティ）を保障すべき範囲の決定という観点の両方によって要請された、というのがここまでの議論である。人はいずれかのネーションに属するのが当然であるという考え方は、今日、世界のかなりの部分で共有されている。

われわれは過去一〇〇年以上にもわたって、ネーションのシステムが広がる中で、ナショナリズムの猛威ともいうべきものを多く見聞してきた。そのために、ナショナリズムの悲劇に注目する人びとは、そもそもネーションへの帰属意識自体が悪であるという考えに傾きがちであるが、その一方で、シティズンシップやセキュリティを簡単に手放すこともできそうにない。ネーション以外のものがそれを提供することができるならば別であるが、そうした見通しはあるのだろうか。こうした点について考えるため、右の二つの観点のそれぞれに関して、ネーションがもたらす光と影について検討することにする。

まずは、シティズンシップの両義性についてである。ネーションの構成員は、政治参加への平等な権利を有するものとされるが、まず確認しておきたいのは、こうした概念の成立が身分制社会からの「解放」的な意味をもったということである。実際には政治参加においてはさまざまな影響力の違いが残り、その意味では形式的な平等が成立したにすぎないともいえるが、それでもなお、ネーションの構成員であるということによって、平等な権利を期待できるようになったことの意味は小さくない。

その一方で、シティズンシップの範囲をネーションに限定することは、当然に、それ以外の人びとを排除することを意味する。ネーションを「囲い込む」ことは、必ずそれ以外の排除を伴う。しかも、どこに境界線を引くかについては、つねに恣意性が伴う。恣意的であるとは、正統性の根拠があいまいである、ということを意味している。なぜ線はそこに引かれなければならないのか、他のところではいけないのか、といった疑問がつきまとうのである。

政治的単位が決定される経緯の説明としては、一般に「征服」と「契約」との二つがある。ある集団が、暴力によって別の集団を征服し、それを繰り返すかたちで政治的単位を広げて行く、ということは歴史上しばしば見られた。征服者が被征服者に対して服従を要求する根拠は、ある戦いにおいて彼らが勝利を収めたという事実のみである。「勝利」とは何かを確定するためには、あらかじめルールが必要であり、その意味で、勝者と敗者との間にはすでに何らかの合意があったという見方もできるが、征服に根拠を見出す政治社会は不安定性を抱えている。秩序の根拠が暴力による勝敗以外にないとすれば、従属的な立場にある人びとは、改めて戦って力関係を逆転し、自分たちにとって有利な秩序に転換したい、という欲望をもつはずだからである（Foucault, 1997）。ここに、内戦の潜在的根拠がある。さらに、内戦の一方当事者が政治社会の外部と結べば、内戦は対外戦争に発展する。したがって、征服を通じてシティズンシップの範囲を確定するというやり方は、境界線の引き直しに対して、規範的に対抗する術をもたず、単に実力によって処することしかできない。剣による支配者は、剣によって倒されうる。

これに対し、契約に根拠を求めるやり方は、「契約に従うべし」という規範意識にうったえる点で、より安定した秩序を生み出すようにも見える。実際、契約に正統性根拠を求める政治理論が、内戦や戦争を忌避する論者たちによって展開されてきた。しかし、契約による政治社会樹立というものが仮に想定できたとして、そこには恣意性は伴わないのだろうか。合意による秩序が成立するには、契約当事者のすべてに同意を求めることが不可欠の条件だが、実際にはこの条件を満足することは難しいのではないか。深刻なのは、たとえば世代交代の問題で、ある時点で契約を締結したからといって、それがどうして子孫をも拘束することになるかについては、誰も満足に答えることはできない。

仮にその点がクリアされたとしても、より深刻な問題が残る。それは、そもそもの契約当事者の範囲の決め方についての恣意性である。万人が同意した、ということに根拠をもつ秩序でありながら、その「万人」とはどの範囲の人びとなのかが、あらかじめ決められてしまっていたのではないか。こう考えると、どのような契約論も、あらかじめの「囲い込み」という事実性に立脚している面がある。実際には征服等によって囲い込まれた人びとが、その同意を、事後的に契約論によって擬制されているにすぎない場合が多いのである。

このように、いずれの説明を採るとしても、ネーションの範囲確定についての恣意性を指摘することができる。ただし、そのことから直ちに、どのような社会秩序も所詮は恣意的であり、正統性根拠があやふやであると述べることは、妥当でないようにも思われる。たとえば、植民地独立要求について、どう考えるべきか。植民地化された人びとなどが「民族自決」を唱えて独立しようとする時、実はその独立しようとしている「ネーション」の境界は恣意的に設定されている場合が多い。すなわち、単位は当然に定まっているわけではない。また、独立しようとしている「ネーション」そのものが、植民地化という征服過程の中で形成されたものである場合も少なくない。外部勢力が勝手に境界線を引き、特定の人びとを囲い込んだ結果として、その人びとがひとまとまりの集団として成立し、それが後に独立要求の主体となるということである。こうした事例は、アジアやアフリカのさまざまな地域で見られる。しかしながら、この経緯をとらえ、恣意的につくられた単位にすぎないものが独立する必要などない、というわけには行かないだろう。二〇世紀においては、「民族自決」原則がそれなりに支持されてきたが、その背景には、ネーションを恣意的ととらえるのでなく、より本質的なものと見る見方があった。

二一世紀初頭の現在、状況はいささか異なる。境界線の変更に伴う暴力の噴出などをおそれる観点から、いったん成立した境界線については極力それを維持すべきだという考え方（「現状維持」）が浸透しているように見える。国際的に承認された国境線を越える征服に対しては、原状回復が求められることもあるが、ひどく抑圧されたマイノリティであっても、ある程度有力な主権国家の内部にある場合には、独立を求めても国際的に黙殺されがちである。しかしながら、このことは、ネーションの独立という観念が否定されたということを意味しない。それどころか、今日成立しているネーションの独立性を全体として危険にさらしたくないという「多数派」の側の思惑が、マイノリティに犠牲を強いているというのが現在の状態であろう。すなわち、どのようなネーションの境界付けもその根拠はあいまいであるにもかかわらず、ある単位は確固たるものと認められ、ほかの単位は認められないという二重基準が支配しているのである。ヨーロッパ共同体のような試みもあるものの、ネーションという単位は、依然としてシティズンシップの単位としてもっとも有力なものであり続けている。

セキュリティの両義性

次にセキュリティとネーションとの関係について考えよう。まず確認したいことは、群れの生活の安定を目指してネーションが形成されることで、人びとが多くの利得を得たし、ネーション内部における平等化が一定程度実現したということである。厚生、公衆衛生、労働条件などさまざまな領域で施策を講じなければ、群れが健康を維持し、人口を増し、生産力を上げて行くことはできない。そのために、ネーションを確立する過程では、一連の「近代化」政策がとられることになった。また、身分制社会では、人びとの生活水準に格差があるのは当然のこととされ、それを変更する論理的根拠が存在しなかったのに対し、ネーションは同質的なものでなければならない以上、内部での極端な差は正当化されないことになる。階層間格差についても、地域間格差についても、世代間格差についても、ネーションの内部で一定の再配分が行われることには論理的な根拠があったのである。

このようにネーションにおいては「生かす権力」が作用してきたが、フーコーが強調したように、「生かす権力」と「殺す権力」とは表裏一体である。多くの人びとを生かすために、集団の生存を脅かしたり足手まといになったりする少数者を殺す必要があるということになれば、「生かす権力」は躊躇なく彼らを殺すからである（フーコー、一九八六）。ネーションという群れのセキュリティを守ることは、その構成員全体のセキュリティを同じように尊重するということを必ずしも意味しない。ナショナルなセキュリティの配慮が、特定の個人のセキュリティと対立することがありうる。これは、すでにホッブズが直面しなければならなかった問題である（ホッブズ、一九九二）。

ホッブズは、自然状態でのセキュリティの欠如に辟易した個人が、それぞれ功利的な視点から自発的に絶対権力と「契約」し、絶対権力の命令に従うと誓うことによってセキュリティを実現しようとするという物語を描いた。これは、セキュリティのために人は自発的に自由を放棄することがありうる、という今日ますます顕著になりつつある動向を鋭く衝いたものといえる（フロム、一九六五）。しかし、そこにはあるディレンマが隠蔽されており、それはたとえば戦争のような事態に直面すると露呈することになる。

群れ全体を守るために、戦死することを求められた個人にとっては、その命令への服従は自らのセキュリティを脅かすことになりかねない。そのため、ホッブズは、彼の論理の帰結として、徴兵された者は逃走してもよいといわざるをえなかった。しかし、皆が逃げてしまえば、全体のセキュリティそのものが成り立たなくなることもまた明らかである。セキュリティの確保のためにネーションという単位を維持することは、われわれにとって便利であることもあるが、同時にきわめて深刻な犠牲を強いることもある。

さらに、いうまでもなく、ネーションの外側との関係では、「殺す権力」としての側面は、より明確なかたちで現れる。すなわち、ネーションとネーションとの間の戦争である。「生かす権力」の作用が強まる中で、対外戦争が激化したのはけっして偶然ではない。特定の群れの保護を絶対化することは、群れの外部に対しては暴力の行使をためらわないことにつながる。もちろん、このように外部にリスクを「排出」して内部を最適化しようとしても、それが期待通りの効果をもたらす保障はない。逆に戦争などの不安定事態を招来し、セキュリティを低下させる可能性も十分にある。しかし、セキュリティ要求がきわめて強い中で、ネーションの境界線の中に立てこもるという戦略への支持には根強いものがある。

ナショナリズムの両義性

シティズンシップを確定し、政治的平等を実現する点で、ネーションという単位をもつことには効用があると考えられている。しかし、それと同時に、ネーションの範囲確定には恣意性がつきまとい、あるネーションが成立・維持されるためには、その境界線を相対化するような別のネーションの可能性は排除されることになる。

セキュリティを確保し、経済的平等を実現する点でも、ネーションという単位をもつことには一定の効用があるとされている。しかし、それと同時に、セキュリティを追求する上で、ネーション全体と個人や特定の集団との利害が対立する場合もあり、ネーションの外部との対立も激しいものとなりうる。

このように、ネーションをどうとらえるとしても、そこには光と影がある。ネーションをどう評価するかについての議論に、つねに振幅があるのはこのためであろう。すなわち、もっぱらネーションの光の部分にだけ注目し、ネーションを理想化する議論がある一方で、もっぱらネーションの影の部分にだけ注目し、それを危険視する議論も可能になる。「ナショナリズム」という言葉は、多くの場合、後者の観点からの議論の際に用いられてきた。とりわけ、近代史において侵略などの行動をとったネーションに関しては、その攻撃性を憂慮する視点から、ナショナリズムの危険性がいわれた。他方で、新たに独立を図る地域などについては、ナショナリズムが輝けるシンボルとして唱えられる場合もあった。その結果、あるナショナリズムはもっぱら非難され、あるナショナリズムはもっぱら評価されることになり、そこには一種の二重基準があるという見方もできなくはない。

ドイツや日本のナショナリズムを批判する文脈で、ナショナリズムには「良い」「穏和な」「開明的な」ナショナリズムと「悪い」「過激な」「野蛮な」ナショナリズムがあるといった、二分法的な整理もしばしば行われてきた。そうした二分法と地理的な位置を結びつけて、「西の」ナショナリズムと「東の」ナショナリズムという対比もされてきた（Kohn, 1944）。こうした二分法についてどう考えるべきだろうか。ネーションを立ち上げる時期の違いもあって、ネーションの光と影のどちらが強く出るかについて、差異があったことも事実であろう。しかし同時に、これまでの考察からして、どのネーションについても光と影の両義性がつきまとうことを認識することも必要ではないだろうか。ネーションを安易に忌避することは、シティズンシップの確立を困難にし、セキュリティへの人びとの関心に背くことになる。他方で、ネーションを絶対化することは、排除の契機や攻撃的な側面についての警戒感を削ぐことにつながるからである。

2　日本国憲法とナショナリズム

日本国憲法の特質

以上の予備的考察を受けて、日本国憲法とそれをめぐる従来の憲法論議が、ネーションという単位やナショナリズムとの関係で、どのように位置づけられるかを次に見てみたい。

日本国憲法の成立経緯に関しては、それに特有の事情をいくつか指摘できる。第一に、歴史的条件として、それに先立つ非常に亢進したナショナリズムの時代を受けて、新憲法制定にあたっては、行きすぎたナショナリズムの清算が目的の一つであることが広く受け入れられていた。ここでナショナリズムの亢進とは、「一億火の玉」といった言葉に象徴されるきわめて強い動員がなされてきたという事実や、ネーションの外部との相次ぐ戦争はもとより、特高警察などによる内部での「非国民」・異端分子の狩り出しなども行われてきたことを指す。

第二に、シティズンシップに関して、屈折した事情がある。一方で、憲法の成立にあたり、進駐軍の関与があったことは間違いなく、その意味で、憲法制定時の自律性、独立性に翳りがあることは否定できない。また、憲法制定にあたって国会での審議は確保されていたが、事後に国民投票にかけられてはおらず、その点でもシティズンシップの十全な関与があったとは必ずしもいえない。しかし、その一方で、この憲法はそれまでの憲法と比べて、内容的には、ネーションのシティズンシップの質を格段に充実させるものであった。何よりもまず、ネーションが主権者であると明示されたことは、それまでの天皇主権とは大きく異なる。それ以外にも、ネーションの代表としての国会を最高機関としている点など、シティズンシップの内実を強化するものとなっている。

第三に、セキュリティに関しても、両義的な事情がある。まず、九条二項は、少なくとも文言上では、いっさいの武力保持を禁じている。これは主権国家に通常認められている戦争能力を否定するものであり、その評価は分かれる。すなわち、それが人びとのセキュリティを損なうことになるという議論がある一方で、それこそがセキュリティを増進することになるという意見もある。生活の安定という意味でのセキュリティに関しては、「健康で文化的な最低限度の生活」の保障を定めていることに代表されるように、社会権、すなわち生権力的な政策の実現を求めるものとなっている。

このように複雑な性格をもつ憲法であるため、当初からその評価をめぐる議論は錯綜した。ここでは、日本国憲法に批判的で、何らかの意味で改憲の必要性を説いた陣営を改憲派とし、一方、日本国憲法に肯定的で、改憲への反対論を展開した人びとを護憲派と呼ぶ一般的な用語法に従って、それぞれとナショナリズムとの関係を整理してみたい。実際には、複雑な議論をこうした二項対立的な図式に押し込むこと自体が不当であり、それぞれの陣営内にはいろいろな差異がある。ここでは、折にふれてそうした差異にも注意を払いながら、大まかな構図を描いてみる。

シティズンシップをめぐって

右にふれたように、日本国憲法は、その成立経緯、すなわち手続きに関してはネーションの自律性について疑問が伴う面があるが、内容に関しては逆にネーションの自律性を高めるものとなっている。こうした「ねじれ」があるために、シティズンシップの確保という観点からこの憲法をどう見るかについても、議論に幅があった。

いわゆる改憲派の中では、成立経緯を注視し、この憲法が「押し付け」られたものとする議論が有力であった。彼らからすれば、この憲法の基礎には勝者による暴力があるので、それによって成立した体制そのものも、「征服」によるものにすぎない。ここから、改憲派の多くは、あらためてネーションのみが関与するかたちで、自律的に憲法をつくるべきだと主張する。ネーションによる純粋な合意が必要だ、とする点で、彼らは一種の契約論を採っているのである。

こうした点だけ見れば、改憲派はシティズンシップの自律性を強調する、一種の民主主義者ないし共和主義者とも見えるが、事情は単純ではない。歴史的な評価をめぐって、改憲派は割れる。戦前・戦中の体制もさほど悪いものではなく、ネーションが自存・自衛するためには、その時の状況に応じて、国内で不満分子を弾圧したり、植民地獲得を目指したり戦争をしたりしたことも、やむをえなかったのだ、という考え方をする人びとがいる。他方、戦前・戦中に日本は過ちを犯したのであり、そのことは認めるし、ネーションが主権をもつことをはじめ、日本国憲法の内容は基本的に正しいとしても、制定の経緯に傷があったので、そうした「ねじれ」を直視するため、一度国民投票で「選び直す」べきだとする議論（加藤、二〇〇五）もある。改憲派でも後者の人びとは、シティズンシップの確立という点で、少なくとも一貫した立場であるといえるが、前者の人びとは、政治的な自律性が低い水準にあった状態を正当化しながら、改憲にあたって政治的な自律性を強調するという点で、自己矛盾に陥っている。改憲派が人びとの自発性や自律性にうったえかけるようでいて、それは本心ではなく、実際にはより権威主義的な体制を目指しているのではないかという印象を与えるとすれば、そのためである。

他方護憲派は、外部からの入力については、その程度を限定的にとらえようとしてきた。日本にもともとあった議論が憲法案に反映されている、立案過程で日本側の意向が入っている（原、二〇〇四―二〇〇六）、人びとに広く受け入れられた以上「押し付け」られたものであったとはいえない、などである。このように、暴力的・征服的な側面を視野の外におくと同時に、護憲派は、憲法が人びとの合意によってつくられ浸透してきたという契約論的な説明をする。歴史的な位置づけとしては、護憲派は、悪いナショナリズムからの脱却のための制度という役割を日本国憲法に負わせ、戦前・戦後の断絶を想定する。

こうした護憲派の議論にもいくつかの特徴がある。まず、彼らは日本国憲法がネーションに主権者としての地位を与えることによって、シティズンシップを強化するものであることを強調するが、その際、憲法の成立過程に少なくとも一抹の不純物が含まれていたことを軽視することになる。護憲派の議論の中には、日本国憲法が完成されたものであると主張し、いっさいの修正や変更を認めないような言い方もあった。憲法改定について論じたり、憲法改正国民投票制度の成立を提起したりすること自体を批判するような立場も見られる。しかし、シティズンシップの確立を真に目指すのであれば、人びとが自分たちの体制について自由に論じた結果、必要があるということになれば、憲法を改めることも積極的に認めるべきではないか(今井、二〇〇三)。護憲派が人びとの自発性や自律性に訴えかけるようでいて、それは本心ではなく、実際には人びとの政治的能力を低く見ながら、パターナリスティックにふるまっているという印象を与えるとすれば、そのためである。

さらに、護憲派は戦前のナショナリズムを批判するが、ナショナリズムそのものを、ひいてはネーションの存在そのものを否定するとは限らず、この点で、護憲派は割れる。一方には、ネーションそのものを諸悪の根源ととらえ、長期的にはその廃絶を目指すコスモポリタンに近い立場がありうる。他方に、ネーションという単位そのものは尊重し、それが閉鎖的なものになることだけを警戒する立場がある。後者の立場に立つ人びとの議論は、たとえば「憲法愛国主義」（ハバーマス）とも通じるものがある。ネーションの統合を、人種的、宗教的、文化的同質性のようなものに求めるのではなく、ある憲法とそれが体現する理念への合意に求めるのである。フランス革命以来の共和主義に近いこの立場は、ネーションやナショナリズムをいちがいに否定するものではない（ドゥブレ他、二〇〇六における樋口陽一の発言を参照せよ）。

以上、シティズンシップとの関連で、護憲派と改憲派とを対比してきたが、こうした差異にもかかわらず、両者の間にはなお共通項があると見ることもできる。それは、ネーションの囲い込み自体の含意については、両者共にあまり意識していないという点である。改憲派は、それぞれのネーションが固有の政治体制をもつのは当然だという建前を重視するので、憲法がシティズンシップの資格要件をネーションに限ることも当然と受け止めている。一方、護憲派の場合には事情はいささか異なる。彼らは、憲法が人類の普遍的な価値を体現しているという考え方をしていながら、なぜその憲法がナショナルな枠組みにとどまり、ネーションを越えたシティズンシップへの方向性をもっていないかについて、さほど疑問をもたないできた。ここに、彼らの視野の狭さを指摘することができるかもしれない。特に、それまで植民地化していた人びとを、シティズンシップの範囲から排除したことの暴力性を、護憲派が意識していなかったことは重大である。

ただ、そこには複雑な歴史的背景もあった。植民地主義の清算は、戦後日本の最大の課題の一つであったが、植民地の放棄は、ネーションの範囲を限定することと表裏一体である。どの範囲の人びとが旧宗主国のネーションに属するのかを確定することなしに、植民地の放棄はできない。戦後すぐの段階で、朝鮮半島や台湾の人びとにシティズンシップを与える可能性を示唆していたら、それは、植民地主義の野望を保ち続けている証としか受け取られなかったかもしれない。その意味では、旧植民地の人びとを切り離したことにはやむをえない面もあったが、一挙にシティズンシップから排除することによって、その人びとが日本政府等に対して、戦前・戦中の行為について追及する資格を奪うことになってしまったことも事実である。ネーションの確定は必要だとしても、それは慎重に、十分な補償を伴いながら行われるべきことであった。この点で配慮に欠けたことが、今日まで、日本への不信感の源となっている。そして、護憲派の人びとも、こうした点については、旧植民地からの問題提起を受けるまでは、ほとんど意識してはいなかったのである。

軍事的セキュリティをめぐって

セキュリティについては、戦争にかかわる軍事的セキュリティと、人びとの生活の安定にかかわる生活的セキュリティを分けて考えてみたい。

先にもふれたように、九条は主権国家に通常認められている武力行使の能力を、自ら放棄するとも読める規定であり、もしそう解するならば、これはネーション・ステートの重大な機能の一つを否定する内容を含んでいる（但し、長谷部、二〇〇四等はそうした解釈はとらず、九条は個別的自衛権と矛盾しないとする。長谷部・杉田、二〇〇六も参照のこと)。こうした規定が憲法の「平和主義」を示すものとして、制定当初に歓迎され、その後も人びとの間でかなり広く受け入れられてきた背景には、二〇世紀前半の日本で、軍事的なものの暴走がセキュリティをもたらすよりも、逆にそれを阻害してきたという認識があった。中国本土での軍の暴走など、軍部が政府によってコントロールできない存在になった経験。戦争の連続の中で、ネーションのかなりの部分が、戦死したり戦争被害を受けたりしたこと。また、中国本土や沖縄で、日本軍がネーションの保護を十分に行わなかったという経験。これらにより、軍事的手段によってネーションのセキュリティを確保することは、論理的に不可能であるという印象が生じたのである。

しかしながら、こうした厭戦感を背景にした「平和主義」は、戦争の時代の記憶が薄らぐにつれて、退潮を余儀なくされて行く。手段がかえって目的を損なうことがあるという指摘は重要であるが、それは手段がつねに逆効果のみをもたらすとか、あるいはそれが不要だということを証明するわけではない。上手に手段を使えばよい、という考え方が次第に強まってくるのは避けがたいのである。まして、手段を捨てさえすれば目的が実現されるという主張は必ずしも論理的ではないため、その綻びも目立ってくる。

制定の数年後には自衛隊がつくられ、さらに憲法の外部とはいえ、日本の政治体制のあり方を大きく規定することになる日米安保条約が、日本の独立と引き替えに「押し付け」られる。こうして九条と実態との間に乖離が生じたが、もともと九条に不満をもっていた改憲派からすれば、これによって、実態に合わせて規定を変えろと主張する機会が提供されたことになる。しかし、同時に、こうして憲法の文言と少なくとも表面上矛盾したかたちで、軍事的なものが再導入されたということには、彼らの改憲論を掘り崩す側面もあったことに注目する必要がある。改憲しなくても現実に軍備が可能になったのだとしたら、改憲することの実益は乏しいということになるからである。

その後の歴史の中で自衛隊が拡充され、アジアでも有数の装備をもつに至ったことは、改憲派にとって、一方では、文言と実態を一致させるべきというその主張の根拠となる。しかし同時に、そこまで自衛隊が拡充されたのに、今さら改憲が必要なのか、ということにもなった。そうした状況であえて改憲を求めるとすれば、専守防衛を越えた、より大きな軍事的野心をもっているのではないか、と邪推されることも避けがたいのである。

他方、護憲派は、規定と実態との乖離は、規定に合わせて解決されるべきだと主張したが、実際には、九条を文言通りに解して、自衛隊を廃止すべきだと考える人びとは必ずしも多くない。日米安保については、六〇年安保、七〇年安保という二つの社会運動を中心として、これに批判的な運動も展開されたが、その後は消極的ながら受け入れるという態度が広まった。今日では、護憲派の最大公約数は、九条の文字通りの実現を求めるというよりは、自衛隊と日米安保の存在は前提とした上で、それへの一種の「歯止め」として九条を位置づけるという立場であろう。

軍事的なものは自己増殖しかねない。自らの組織や予算の拡大を求めるのはあらゆる組織に見られることだが、軍隊の場合には、巨大な暴力を保持しているために、一度暴走し始めたら、止めるのは難しい。そうした歴史をもつ日本ではとりわけ、暴走への警戒が求められる。その観点からすれば、実態と乖離した九条という文言をもつことによって、現実を相対化し、いっそうの軍事化に向かうのを抑えることができる、ということである。

こうした「九条も自衛隊も」、「九条も安保も」という立場は、戦後日本で一貫して主流派であり続けてきたものであり、最近の世論調査でもそれは揺らいでいない（朝日新聞、二〇〇七）。また、先に挙げたようにかつて憲法を「選び直す」必要を説いていた加藤典洋も、最近になって、むしろ「理念」と「現実」の矛盾をそのままに維持することこそが、国民の多数がもつセキュリティ志向を受け止めながら、しかも理念的なものを失わない唯一の道であるとしている（加藤、二〇〇七）。

このような考え方に対しては、それが二重基準を放置するものであり、物事を「きちんと詰めることを避ける思考停止」（『世界』編集部編、二〇〇五における坂本義和の発言）であるという批判がある。そのような欺瞞の中に安住していることが、政治的シニシズム（冷笑的態度）を生み出しているので、いっそのこと、一度九条を削除せよという意見もある（井上、二〇〇五）。私自身、九条をもつことによって戦後日本が得たものは確かにあるが、同時に、失ったものも多いと述べたことがある（杉田、二〇〇五b）。九条のようなものをもたないイギリスなどでは、外国での人権抑圧への対応なども含め、戦争への参戦の是非が政治問題としてその都度真剣に議論されざるを得ないが、日本ではすべてが「九条を守るか守らないか」という一点に還元されがちである、としたのである。

しかし、九条を削除して、法的な規制を取り払った際に、「文民統制」の歴史が乏しい日本で、軍事的なものを政治的にコントロールして行けるかについては、憲法学者は依然として不安をもっているようである（石川、二〇〇七）。また、日米安保を廃棄した場合、まったくの非武装という選択肢がとれないとすれば、究極的には自主防衛ということにならざるを得ないが、それがむしろ、いっそうの軍事化につながり、諸外国の警戒も招きかねないという見方もあろう。護憲派的な立場の延長上に、ある種のナショナリズムの亢進につながりかねない一つの回路がここにある。

九条護憲論の内部には、そもそも一種の屈折したかたちのナショナリズムが含まれていたと見ることもできる。主権国家が共有する軍事的な機能をあえて断念するという英雄的行為の中に、来るべき時代の主人公としての先駆性を見出すという「陶酔感」は、護憲派の中に広く共有されてきた。「憲法九条を世界遺産に」（太田・中沢、二〇〇六）といった最近の議論も、この系譜上にあるといえるかもしれない。

生活的セキュリティをめぐって

日本国憲法では、明治憲法と比べて人権条項はより充実した。後者において、権利が法律の範囲内で保障されるものにすぎないとされたのに対し、前者では権利は生まれながらにもつ人権とされ、時の政府による裁量に対抗してそれを主張することが可能になった。

こうした展開について、改憲派は批判的な議論を展開してきた。この憲法では権利ばかりが書かれ、義務についての規定が乏しいというのは、改憲派の決まり文句である（自由民主党、二〇〇五参照）。改憲派がこうした態度をとったのは、権利は基本的に個人に属するものであり、したがって、それを強く主張することはネーション全体の都合と相容れない場合がある、ということを意識したからであろう。先に見たように、個人のセキュリティと全体のセキュリティが対立しうる、というのは、ホッブズ以来直面されてきた問題であるが、改憲派は、両者が対立した場合には、全体のセキュリティを優先させるべきだという立場に立つ。彼らが義務に多く言及するのも、義務というものはネーションの凝集力を高め、単位として確立させるものだと考えているからである。

しかしながら、個人と全体との間のディレンマは、そうした方向性を示すことで解消するわけではない。全体の前に犠牲になれという命令は、ネーションに対する個人のコミットメントを危うくさせる可能性があるからである。逆にいえば、個人のセキュリティが増大しているか、少なくとも他の選択肢をとった場合よりは維持されうる、という認識がないところで、個人があるネーションにコミットするかは疑わしい。

生権力にかかわる社会権の部分が、現代において絶えず増大してこざるをえなかったのは、このことと関係している。人びとを戦争に動員し、場合によっては死ぬことを求める「殺す権力」は、人びとの安全と衣食住を最低限保障するような「生かす権力」と一体でなければ維持できない。その観点からすると、生活のセキュリティへの個人の権利を制約することでネーションの一体化を強めようとしても、実はかえって逆効果になりかねないのである。

他方、護憲派は、日本国憲法における人権状況の充実を高く評価し、しかも、権利の実質化を目指して、さまざまな実践を積み重ねてきた。表現の自由などの消極的な権利についてはもちろんのこと、「健康で文化的な最低限度の生活」保障についても、訴訟を提起するなどして、その実現を図ってきたといえる。しかしながら、護憲派においても、改憲派とは異なる意味で、個人と全体との間のディレンマが生じてきた。というのは、一般に護憲派は、国家権力と権利とを対立的な関係にあるものと見なしてきた。そこで前提とされているのは、権力は、究極的には国家権力に帰着するという権力観であり、権力は権力中心としての国家から一方的に放射するという考え方である。そのように一方的な権力に対して、個人は権利をふりかざすことによって、辛うじて権力作用を制限し、それによって自らの自由を確保することができる。このように、権力と自由とを対立的に考えるのは、政治思想的には自由主義的な発想と呼べるが、護憲派は、その意味で自由主義的な権利・権力観をもち続けてきた。憲法学界では、このようなとらえ方は、自由主義というよりは、立憲主義と呼ばれることが多いようである（阪口、二〇〇一）。

こうした権利・権力観は、言論の自由などの消極的権利についてはかなりうまく対応することができる。実際に政府というものはすぐに人びとの言論の自由を制限しようとするものであり、それに対して不断の警戒をし続ける必要がある。政府が余計なことをしないこと、すなわち人びとの内面といった私的領域に立ち入らないことが求められているのであり、政府は抑制的であればあるほどよいことになる。しかし、福祉のような生活保障の場合には、こうした論理では明らかに不十分であろう。福祉が充実するためには、政府はより多くのことをする必要があるからである。

これについては、そもそも生活のセキュリティを政府に求めず、それ以外の領域に期待するといった議論も可能であり、ステートと「市民社会」との区別を強調する「市民社会論」などはそういった系譜に属する。市民社会論は、税の徴収など強制力を伴う政府部門のはたらきによらなくても、人びとが自発的にアソシエーションなどをつくることによってその機能を代替できるとする（Cohen and Arato, 1994）。しかし、少なくともこれまでのところ、世界的に高い福祉水準を実現した社会では、ステートによるサービスが大きな役割を果たしてきた。

生活のセキュリティについてステートの機能を認めるとすると、それにかかわる社会権については、権利と権力とを単に対立的なものと見なすことはできないのではないだろうか。言い換えれば、権力の欠如した領域をもって自由とすることはできない。むしろ、そうした領域に関するかぎり、権力と自由とは密接な関係にある。「健康で文化的な最低限度の生活」ができないかぎり、生きて自らの目的を追求することができないとすれば、セキュリティを保障する権力が、自由の条件となっている面があるのではないか。

これまで護憲派は、一般にこうした側面を認めてはこなかった。それは、戦前の権威主義的な体制と訣別するためには、ステートの役割を積極的に認めることが困難であったからである。ステートを危険視する自由主義的ないし立憲主義的な権利・権力観を展開してきた。しかしながら、同時に護憲派は、福祉の充実を求める人びととかなりの程度重なっている。この点で、護憲派は、一種の矛盾を抱えていたということができよう。

そして、この矛盾は今日ますます深刻化しつつある。国境を越えた市場的競争にうち勝つため、生活的なセキュリティは極力切り詰められるべきであり、政府の機能は縮小されるべきだといった思想潮流が力をもつ中で、権利をもっぱら権力と対立するものと見なし、権力の極小化を目指す理論構成をとる憲法理論が、それに対抗することはきわめて困難となっているのである(中島、二〇〇七)。

3 おわりに――ネーションの自明性のゆらぎ

ネーションは①シティズンシップとの関係、②軍事的なセキュリティとの関係、そして③生活的なセキュリティとの関係で、それぞれに光と影の二面性をもつという本稿の立場に照らすと、改憲派と護憲派との間のこれまでの対立関係が、非常に複雑な相貌を見せることが確認できた。

ところで、現在の世界では、①から③のいずれについても、それぞれのセキュリティとネーションという単位との結び付きが自明なものではなくなっている。政治的シティズンシップの単位としてネーション以外のものが力をもつようになりつつあるし、軍事的セキュリティをナショナルな国境線を前提として考えることが必ずしもできなくなっているし、ネーションの生活的セキュリティを前提とする福祉国家観念が相対化されつつある。こうした一連の変化は、ナショナルな「境界線」を前提として展開してきたこれまでの憲法論の地平に何をもたらすだろうか。

すでにふれたように、改憲派のみならず護憲派もまた、シティズンシップの範囲の確定に伴う恣意性については無頓着であった面がある。歴史的な事情があったとはいえ、言語的・文化的に同質的であると想定された「日本国民」という集団が、当然に日本というステートのシティズンシップを有するネーションと重なるものとしてきた。このことが、植民地主義の清算という未完の課題を意識の外に追いやる結果につながったこともすでに指摘した。政治社会を構成する範囲が同質的とされる集団と一致しなくてよいことは、今日、ヨーロッパ連合などの実践によって明らかになっているが、日本ではこのような可能性は十分に認識されていない。ネーション以外にアイデンティティの単位が意識されない状況では、ナショナル・アイデンティティを相対化する契機が乏しく、何かのきっかけによってナショナリズムが亢進する潜在的可能性が高い。今日では、資本や財の移動に加えて、難民や労働者など人の移動が盛んになっているが、そうした動向に対応する上でも、ナショナルなシティズンシップ論だけでは不十分である（ベンハビブ、二〇〇六）。

軍事的セキュリティとの関係では、いわゆる「人道的介入」をどうとらえるかが一つの大きな問題となる。すでに述べたように、護憲派は、軍事的なものの存在がかえって人びとのセキュリティを脅かすという側面を強調したし、このことは、今日でも依然として一定の妥当性をもつ。しかし同時に、他国の侵略を受けて自力では対抗できない国や、きわめて非人道的な圧政の下にあり、内部からの民主的運動などによってはそれを覆すことができないような人びとが存在した場合に、国際社会が手を拱いていてよいかが問題となりうる。実際には、それを口実に不必要な戦争が行われる例が後を絶たないため、こうした論理に対しても慎重に考える必要があるが、それでもなお、明白に「人道的介入」と呼べるような事例があった場合に、介入を思いとどまるべきかという問題は存在する（Walzer, 1977）。そして、このことは、とりわけ九条護憲論にとって大きな挑戦となりうる。

他方で、9・11の大規模テロ事件に見られるように、国境線をはさんで主権国家が相互に軍事的に対立するという伝統的な戦争観ではとらえ切れないような事態も出現している。国境を越えて活動する非国家的集団の活動が、セキュリティに重大な脅威をもたらしているといわれる。そこでは、従来の軍事的なものと警察的なものという二分法が相対化されざるを得ないが、このことは二重の意味をもつ。一方では、それは、これまで想定されてきたような軍隊による防衛というセキュリティ観が時代錯誤的になりつつあることを示している。国境地帯でなく、首都の中央で突然行われうる攻撃に対応することは、軍事的には不可能だからである。他方で、これまでは曲がりなりにも「緊急事態」という限定的な時間の中に閉じこめられうるとされてきたセキュリティ対策が、日常の中に際限なく浸透しうるということでもある。9・11以後のアメリカなどで実際に見られたように、そうしたセキュリティへの衝動は、積み上げられてきた人権保障の実績を台無しにしかねない。有事／平時、軍隊／警察、外政／内政といった二分法の融解は、暴力的なものを封じ込めることによって秩序を維持するというこれまでの憲法概念そのものの前提を揺るがしかねないのである（杉田、二〇〇五ａ）。

生活的セキュリティとの関係では、近年、市場経済を重視するいわゆる新自由主義の流れが強まる中で、貧困は個人の「自己責任」に帰され、ネーション内の再配分によって対処する福祉国家的なやり方は、生産性を低下させるものとして非難されている。すでにふれたように、改憲派は一般に社会権などの生活的セキュリティ要求に対して冷淡であったが、これは実はナショナルな連帯の基礎を危うくする側面をもっている。ネーションという単位の確立と持続を求める政治的立場からすれば、むしろ新自由主義に抗して、ナショナルな連帯の意義を強調すべきであるとも考えられる。他方、護憲派は、国家権力への警戒感から、権利によって権力に対抗するという理論構成をとりがちであったが、これも今日の状況では、かえって新自由主義的な生活的セキュリティの切り詰めと共鳴することにもなりかねないのである。

これまでの日本の憲法論議では、それぞれの立場が、それぞれネーションのある一面だけに注目し、その「光」を強調したり「影」を強調したりするのが一般的であった。しかし、本稿で見てきたように、ネーションという単位を前提として秩序を構想することの「功罪」は、ひと口で語れるようなものではない。しかも、今日ではネーションを前提とすることの自明性がゆらいでいるとすれば、ネーションの位置づけはさらに困難になりつつある。そうした中、ネーションを単に敵視するのでもなく、それに惑溺するのでもない、複眼的な議論の必要性が高まっている。

〔参照文献〕

朝日新聞（二〇〇七）「九条「平和に貢献」七八％」五月二日付朝刊。
石川健治（二〇〇七）「ラオコオンとトロイの木馬」『論座』六月号。
井上達夫（二〇〇五）「挑発的！九条論　削除して自己欺瞞を乗り越えよ」『論座』六月号。

今井一（二〇〇三）『「憲法九条」国民投票』集英社新書。

太田光・中沢新一（二〇〇六）『憲法九条を世界遺産に』集英社新書。

加藤典洋（二〇〇五）『敗戦後論』ちくま文庫。

――（二〇〇七）「戦後から遠く離れて」『論座』六月号。

ゲルナー、アーネスト（二〇〇〇〔原著 一九八三〕）『民族とナショナリズム』加藤節監訳、岩波書店。

阪口正二郎（二〇〇一）『立憲主義と民主主義』日本評論社。

シェイエス、アベ（一九五〇〔原著 一七八九〕）『第三階級とは何か』大岩誠訳、岩波文庫。

自由民主党憲法草案（二〇〇五）http://www.jimin.jp/jimin/shin_kenpou/shiryou/pdf/051122_a.pdf
杉田敦（二〇〇五a）『境界線の政治学』岩波書店。

――（二〇〇五b）「テキストとしての憲法典と、実践としてのコンスティテューション」『現代の理論』春号〔その後、『政治への想像力』（岩波書店、二〇〇九年）収載〕。

『世界』編集部編（二〇〇五）『戦後六〇年を問い直す』岩波書店。

ドゥブレ、レジス／樋口陽一／三浦信孝／水林章（二〇〇六）『思想としての〈共和国〉』みすず書房。

中島徹（二〇〇七）『財産権の領分』日本評論社。

長谷部恭男（二〇〇四）『憲法と平和を問いなおす』ちくま新書。

長谷部恭男・杉田敦（二〇〇六）『これが憲法だ！』朝日新書。

原秀成（二〇〇四―二〇〇六）『日本国憲法制定の系譜』（1）―（3）、日本評論社。

フーコー、ミシェル（一九八六〔原著 一九七六〕）『性の歴史Ⅰ 知への意志』渡辺守章訳、新潮社。

――（一九九三〔原著 一九八一〕）『フーコーの〈全体的なものと個的なもの〉』北山晴一訳、三交社。

フロム、エーリッヒ（一九六五〔原著 一九四一〕）『自由からの逃走』日高六郎訳、東京創元社。

ベンハビブ、セイラ（二〇〇六）『他者の権利』向山恭一訳、法政大学出版局。

ホッブズ、トマス（一九九二〔原著 一六五一〕）『リヴァイアサン』（1）―（4）、水田洋訳、岩波文庫。

ルナン、エルネスト（一九九七〔原著 一八八二〕）『国民とは何か』鵜飼哲訳、インスクリプト。

Cohen, Jean L. and Andrew Arato, 1994, *Civil Society and Political Theory*, The MIT Press.
Foucault, Michel, 1997, *Il faut défendre la société*, Seuil/Gallimard〔後に邦訳刊行。『ミシェル・フーコー講義集成6 社会は防衛しなければならない』石田英敬・小野正嗣訳、筑摩書房、二〇〇七年〕.
Kohn, Hans, 1944, *The Idea of Nationalism*, Macmillan.
Walzer, Michael, 1977=1991=2000=2006, *Just and Unjust Wars*, Basic Books〔後に邦訳刊行。マイケル・ウォルツァー『正しい戦争と不正な戦争』萩原能久監訳、風行社、二〇〇八年〕.

4　道徳的非難の政治を超えて

（二〇〇九年三月）

世界的な経済危機が深まる中、この一〇年以上にわたって言論の世界を支配し、人びとの日常の会話にまで根を張っていた市場主義的な言説が、かげりを見せています。長い不況下で蓄積する不安に苛まれながら、人びとはそこからの出口を市場がもたらしてくれると信じようとしました。いっそうの規制緩和を進め、非効率的な政府から市場へと重心を移せば、すべては解決するものと期待してきました。しかし、欲望でふくれ上がった市場が破裂した今、人びとは今度は、市場を批判し、市場主義の教祖たちを疑っています。

その一方で、社会的な連帯について語ることが一種の流行のようになっています。社会民主主義が、唯一つの正しい答であるかのように扱われる傾向もあります。政府への期待は高まり、一人ひとりの不幸に政府の救いの手が及ぶかどうか、人びとは目をこらして見守っている状況です。

良いことではないか、という意見もあるでしょう。熱にうかされたような異常な時代が終わり、正しい政治が帰ってきたのだという声も聞きます。貧困が広がりつつあることは不幸だが、人びとの目が覚めたのは良かったという評価もあります。しかし、私はそれほど素直にはなれません。つい最近まで市場主義の旗を振っていた論客がにわかに懺悔して見せるといった思想状況に鼻白んだということもあります。政府批判へと雪崩を打ったかと思うと、今度は市場批判に一挙に向かうという世論の振幅の大きさにとまどっている面もあります、しかし、それ以上に、いくつかの問題との関連で議論の仕方を立て直さないと、そのうちに大きなしっぺ返をくらいそうな気がしてなりません。

1　再国民化について

まずは、国民（ネーション）という単位の重要性が改めて強調され始めていることについて、考えてみたいと思います。つい最近まで「グローバル化」が動かしがたい所与の条件であるかのように語られ、国境線を越えた競争に勝ち抜かなければならないと発破をかけられ、さまざまな犠牲を強いられてきたことへの反動なのか、国境線の中で自足したいという心理が広がりを見せているようです。

生活を支え合う社会的連帯を構想するなら、さしあたりは国民を単位とする連帯以外に考えにくいという事情もあるでしょう。政治理論の政界では「リベラル・ナショナリズム」ないし「ナショナル・リベラリズム」といった議論があります（デイヴィッド・ミラーら）が、そこでは、福祉国家を実現するためには国民という単位を重視すべきだと論じられています。福祉国家では、人びとは自らの収入の相当部分を政府に強制的に召し上げられ、給付を必要とする人びとにそれが配分されることになるわけですが、そうした再配分をしてもいいと多くの人びとが考えるのは、自らと同質的であると見なしうる範囲に限られる、というのです。

リベラル・ナショナリストによれば、左派が社会的連帯を重視するにもかかわらず、これまで国民という単位に対して冷淡であり、国際主義的な考え方をしがちであったことは、正されるべき「ねじれ」なのです。左派こそがナショナリストでなければならない。もちろん、ヨーロッパ連合のような広域的（リージョナル）な単位で連帯することも不可能ではないし、グローバルな連帯も理論的には可能だと彼らも認めます。しかし、その現実的な基盤がなく、集合的なアイデンティティとしては国民ほど強固なものがまだない状況では、他の選択肢は見当たらないとするのです。

こうした議論は、日本でも受け容れられる可能性があります。すでに、論壇の左右勢力の一部がナショナリズムにおいて連携する動きも見られます。近年の市場主義的な「改革」を通じて国内を縦横に走るようになった深い亀裂を少しでも修復するためには、国民的な連帯を強調するのも当然だととらえることもできるかもしれません。地域間、世代間、競争的産業分野と非競争的産業分野、正規雇用と非正規雇用など、さまざまなかたちで格差が生じてしまいました。こうした格差を不当なものとして告発する上では、同質的な国民（ネーション）という観念は、確かに力をもっています。私たちが忘れがちのことですが、かつての身分社会を否定する際に大きな役割を果たしたのも、国民概念でした。

しかしながら、国民という単位への回帰、すなわち一種の再国民化といったことは、今日においてどこまで可能なのでしょうか。また仮に実現するとして、それは手放しで評価できるものなのでしょうか。

ネーションというものがそもそもどのようにしてできたかについては、いろいろな意見があります。言語を共有し、共通の文化をもつ集団をつくることが、産業化の過程で便利だったから、産業化目的で国民は人為的につくられたのだという考えも有力に主張されてきました（アーネスト・ゲルナーら）。集団的な生産活動を行うには、円滑なコミュニケーションが必要とされたというのです。こうした産業化論に対しては、産業化がすでに終わったはずの先進国で、二〇世紀も末になってナショナリズムの噴出を見た理由が説明できない、という反論が可能です。この反論には一定の説得力がありますし、もしそれが正しければ、産業化云々とは無関係なかたちで、いつでも国民という単位を再編したり再強化したりすることができるはずだ、ということにもなるでしょう。

しかし、日本などの先進国で今日見られるナショナリズム現象は、実は経済のグローバル化を前提とした上で、きびしい競争の中で傷ついた心を癒されたいという、心理的な効果を期待するものにとどまっている場合が多いのではないでしょうか。だとすれば、直ちに実質的な社会的連帯の基礎をなすものとはいえないでしょう。このことを何よりも象徴的に示しているのは、他国への領土的な主張が声高になされ、国境線を維持・拡張したいという意欲が強い一方で、国境線の内側で荒廃の度を強めつつある過疎地や、国際的な価格競争の中で苦しんでいる農業地域に手を差し伸べずに、それらを切り捨てようとしているという事実です。外に対しては国民の一体性を強調するが、内側では連帯しない。ナショナリズムがつねにそのようなものだったかについてはおくとして、ナショナリスティックな言説が巷にあふれていたとしても、それを福祉国家のためにすぐに転用できるとは思えません。

社会的連帯は、人びとがただ市場主義を憎悪し、リスクへの不安感を高めただけで実現するわけではありません。究極的には財源の問題、つまり税金をどう集めるかという問題をクリアしなければならないのです。景気が悪い時に増税の話はできない、というのは確かにその通りですが、景気がいい時はいい時で、税の自然増収もあるし、福祉への人びとの関心も弱まるので、やはり税金は論じられない。結局、いつまで経っても論じられないということになりかねません。福祉国家実現のためなら高負担も受け容れるということになるかどうかが、連帯実現の鍵です。

さらに、国民的連帯が仮に実現したとして、それには負の側面も伴います。国民として囲い込まれた人びとの間でだけ連帯するとは、その外部の人びとを排除するということを意味しており、これが国内に居住する外国人や移民労働者への排外的な態度につながったりすることがないように注意する必要があるでしょう。それに、グローバル化の副作用や経済危機の影響は、先進国にとって深刻である以上に、アフリカ諸国など、世界の弱い部分においていっそう苛酷なものとなることが予測されますが、そうした苦難への無関心が広がることも憂慮されます。

国民という集合的アイデンティティが、多くの場所で相対的に強力であることを利用して、そこに連帯の根拠を見出し、とりあえず一定の範囲内であれ支え合って行くことができるとしたら、それはそれで重要なことです。しかし、私たちは個人の「自己責任」を徹底的に追及する市場主義的なやり方か、それとも国民的連帯かという二者択一を迫られているわけではありません。国民という単位を自明化し、特権化することは避けるべきでしょう。

2 「ネオリベ」という「悪」

金融市場が破綻し、雇用形態の流動化などの市場主義的な政策の帰結が、非正規労働者の解雇や正規労働者を含む大規模なリストラなどのかたちで具体的にあらわれてくるにしたがい、人びとの間には市場主義への怒りが広がっています。新自由主義（ネオリベラリズム）を略した「ネオリベ」という言葉は、今では悪の代名詞となったかのようです。

わずか数年前には、ベンチャー企業の社長らを時代の寵児としてもてはやしていた、その同じメディアが、今では彼らを含め、新自由主義を推進した政治家や企業人、エコノミストたちを、個人的な野心や貪欲さに動機づけられて行動したものと描いています。一握りの腐敗した連中のせいで、何の落ち度もない私たちに被害が及んだ。悪いのは「彼ら」であり、「われわれ」ではないというわけです。政治的なそうした議論の何がまずいのか、政治とはそういうものだ、という考え方もあるでしょう。

ものの本質は敵対性にある。新自由主義が隆盛の時代には、左派が叩かれた。今度は彼らを叩く番だ、ということでしょうか。

しかし私は、「ネオリベ」批判が政治的な批判という枠をはみ出して、「悪」を名指しする道徳的な批判になっているとしたら問題だと思っています。市場の意義を強調する新自由主義も、政府の意義を強調する社会民主主義も、いずれも一つの政治的な立場であって、あくまで政治の場で相互に争うべきものです。この点で私は、政治的な競争関係と道徳的な批判とを切り離すべきだと主張している、シャンタル・ムフという政治理論家に共感しています（ただし、後で述べるように、彼女への批判もありますが）。

振り返ってみれば、悪いのは一握りの「彼ら」であるという論法をもっとも効果的に使ったのは、小泉純一郎元首相でした。郵政関係者の利益と国民全体の利益と、どっちが大切か、国民投票をしようと呼びかけて、彼は有権者の圧倒的な支持を得ました。これは危険な論法であり、郵政関係者のところに、他のどんな職業集団を代入しても、不等式は成り立ってしまいます。どんな集団も、彼らを除く国民全体に比べれば、少数派にすぎないからです。

こうした論法はなにも小泉だけのものではありません。近年、マス・メディアを中心として、日本社会の諸悪の根源は官僚であるという議論が流通してきました。政治学者たちも、それを煽った面があると思っています。国や自治体の財政状態が悪くなったのは、官僚らが自己利益のために無駄な公共事業をやったからだということになりました。そこでは、公共事業中心の政治体制をつくり上げたのは官僚だけでなく、政治家も深く関与しており、しかもそうした政治家を選んだのは有権者自身であるということは無視されています。公務員は多すぎるといわれ、国際比較ではむしろ少ないくらいだという指摘が顧みられることもありません。

もちろん、官僚は大きな権限をもった存在であり、単なる無力な少数派であるはずはないでしょう。また、腐敗や怠慢は正されなければなりません。しかし、官僚たちをただ叩いていても、心理的な慰めが得られるだけで、問題の本質に迫ることはできないのではないでしょうか。

あえて比喩的な表現をすれば、私たちは自らの「内なる官僚」について考えてみるべきだと思います。日本社会で官僚が体現してきたものは、「われわれ」の外部の、「われわれ」とは何の関係もない何かなのでしょうか。少なくともその一部は私たちが望んだものであったはずです。それは「われわれ」の一部であり、したがって、切り離すには痛みが伴うことを覚悟しなければなりません。全国一律の行政が批判の的となってきましたが、それが生活水準を保証してきた側面もあります。さまざまな格差が目に付くようになったら、にわかに官僚批判がトーンダウンしてきたことも、このことと関係していま す。

「ネオリベ」批判についても、ほぼ同様のことがいえるのではないかと私は考えています。「ネオリベ」とは、物欲の化身のような、「われわれ」健全な国民とは何の関係もない、単なる「悪」なのでしょうか。もしそうなら、彼らを断罪し排除することによって、私たちは、自分自身の生き方をいっさい変えることなしに、事態を変えることができるはずです。しかし、物事はそう単純ではないと私は思います。私たちの「内なるネオリベ」ともいうべきものを見すえる必要があります。

市場主義者たちは、国際競争が存在する以上、モノの値段はもちろん、労働力の値段すなわち賃金も、国際価格と連動せざるを得ないということを強調しました。需要の増減に対応するには、雇用の流動化が必要だとしました。競争力の弱い分野よりも、競争性のある分野に力を注いだほうがいいともいいました。国際競争を勝ち抜くには、国際的な投資を集めることが不可欠であり、それには、投資家を厚遇するシステムにせざるを得ないともしました。これらすべてが裏目に出た結果、賃金の低下、雇用の不安定化、地域格差の広がり、金融の崩壊などに私たちが苦しめられているのは周知の通りです。

しかし、それでは私たちは、国際競争があまりない状態、モノ、ヒト、カネの移動が少ない状態に移行することはできるのでしょうか。理論的には、それは不可能ではないでしょう。問題は、私たち自身が本当にそれを望んでいるかどうかです。この点を反省してみれば、私たち自身が、「ネオリベ」的なものと完全に切れているわけではないということが明らかになると思います。より豊かな生活がしたい。安いものが欲しい。こうした欲望をもち、大量生産・大量消費のライフスタイルを続けている以上、経済のグローバル化や活性化を望む部分が私たちの中にもあります。

今のところ、苦難の原因は暴走した市場にあるということで、市場批判が強いですが、このままさらに経済状態が悪化した場合、苦しまぎれに、「ミニバブル」の再来を待望する世論が巻き起こってきたとしても驚くにはあたりません。市場主義は、私たちの外部ではなく、内部にあるものだからです。

また、流動化は悪いことばかりではありません。たとえばヒトの移動は、先進国と途上国との間などに存在する格差を、一定程度緩和する可能性があります。もちろん、移民は困難な経験を伴いますし、移動を強制するようなことは許されませんが、逆に単に移動を制限することにも問題があります。

政府も市場も私たちの中に内面化されているという私の議論は、何も変えられない、手も足も出ないということを意味しているのでしょうか。そうではありません。私は政府を道徳的に非難する言説にも、市場を道徳的に非難する言説にも与しないということです。問題は、私たちにとっていずれも大切なものである政府と市場を、具体的にどう折り合わせるか、です。そして、政治の領分で追求されるべきなのは、まさにそうした課題ではないでしょうか。

3　敵対性の多元性

国民という単位を特権化すべきでないということを先にいいました。そのこととも関連しますが、社会的連帯の基礎は自明なものとしてそこにあり、それに気づきさえすれば連帯は実現するといった思考法のもう一つの大きな弱点として、そのように考えてしまうと、現実に社会の中に存在する亀裂が見えにくくなってしまうということがあります。亀裂の存在を指摘する者は連帯を妨害する者だといった、硬直的な発想が出てきかねません。

この一、二年ほどの間に、正規労働者と非正規労働者との間の格差や差別を問題にする言説が、論壇等に登場しました。同じような仕事をしているのに、正規労働者は収入も非正規労働者より高く、雇用もはるかに安定している。これは不公平ではないか。正規労働者が国際的に見ても高い賃金を得ているつけが、低賃金や不安定性というかたちで非正規労働者に回されているのではないか。このような議論が、経営者団体や「ネオリベ」系のエコノミストだけでなく、一部の非正規労働者の側からもなされ、話題になりました。

問題をさらに難しくしたのは、ここに世代間対立がからんでくることです。バブル崩壊後の長い不況の中で、派遣労働の原則自由化などがなされたこともあり、若年層に非正規労働者がふえました。他方で、中高年層は日本型経営の時代に終身雇用のレールに乗った部分が大きく、両者の利害が相反しているとの指摘もあります。

こうした議論に対し、伝統的な左派は感情的とも見える反発を示し、正規と非正規の間に敵対性を見出すようなことは間違っていると主張します。彼らによれば、本当の敵対性は、一握りの富裕層と、それ以外の労働者との間にこそあり、正規も非正規も、労働者として連帯できるのです。世代間対立を煽るのも、「ネオリベ」や経営者たちの陰謀であるとされました。

確かに左派の反論にも根拠があり、近年、企業利益が上がる一方で、賃金などに回す労働分配率が低下してきたことはまぎれもない事実です。全体としての労働者の取り分をふやせば、正規と非正規の対立が緩和することは間違いありません。経営対労働という敵対性の存在は明らかです。

しかし私は、だからといって、たとえば正規と非正規の間の敵対性がいつわりのものだとも思いません。非正規労働者の雇用条件を向上させたり、賃金を同水準に高めたりすれば、正規労働者が譲らなければならない部分はおそらく出てきます。失業のリスクについても、今までよりは高まる危険性があります。同じように、世代間対立や地域間対立があると主張することは、十分に可能だと考えています。若者と中高年がそれぞれの利害を主張したり、農村部住民と都市部住民とが対立したりすることは、一方が他方を道徳的に非難するのでなく、政治的な場での争いであることを互いに合意しているかぎりは、当然のふるまいだと思います。ある種の敵対性はにせものであり、ある種の敵対性だけが真正のものだという具合に、あらかじめ線を引くことこそが、反政治的とはいえないでしょうか。

先ほど、ムフの議論に納得できないところがあるとしたのも、この点にかかわります。ムフは、左派と右派との間の対立を、唯一の正しい敵対性と見なしているのです。もちろん、何が左派であり右派であるかは、固定的ではなく、文脈の中で変わって行くものだという立場を彼女はとってはいます。しかし、それにしても、すべての敵対性が左右対立に収斂するでしょうか。非正規労働者は正規労働者の安定性を攻撃しているという意味で、左派なのでしょうか。それとも、その主張がなぜか「ネオリベ」と共振するとすれば、彼らは実は右派だということになるのでしょうか。

あらゆる対立軸を総合する単一の敵対性があるといった考え方は、もはや採用することができないと私は思っています。むしろ、さまざまな敵対性が相互に打ち消し合ったり共振したりする、複雑な政治過程の中に私たちはいるのではないでしょうか。二分法的で単純な図式の中に政治が回収されそうに見える今こそ、立ち止まって考えてみる必要があるでしょう。

5　社会統合の境界線

（二〇〇九年一一月）

社会として一つにまとまることができるのはどこまでの範囲か。それには本来何の限界もない、という考え方もあるだろう。人びとを分かつすべての境界線は恣意的であり、根拠がないので、否定されるべきだという考え方もある。私自身は、境界線が恣意的で根拠がないことは認めるが、だからといって直ちに否定されるべきものとは思わない。なぜさまざまな境界線が引かれ、それが日々追認され、維持されているのか。そのことをふまえなければ、先に進むことはできない。

境界線を直ちに取り去ることができるし、そうした方が望ましいとする人びとは、境界線さえなくなれば、人びとが共につながり、相互に対立がない、共同体的な秩序のようなものがあらわれてくると考えているのだろうか。そこまで楽観的ではないにしても、境界線の除去が事態を現状より悪化させるかもしれないとは想定していないようだ。

そう考える人びとは、人間はもともと社会的な存在、すなわち孤立を恐れ、共に生活することを好み、共存のために協力し合うことができる存在であるという前提をもっているように思われる。彼らの考えによれば、人びとが憎み合うから境界線が引かれるのではなく、境界線が引かれているから人びとは憎み合うのである。

このような考えが、人間というもののあり方について、その一面をとらえていることは間違いない。しかし、人間は社会的ないし協調的な存在というだけで割り切れるものではないだろう。人間は自分勝手で、自分の都合のためには人から奪ったり人を傷つけたりすることさえためらわないので、「人は人に対して狼である」という考え方もまた、一面の真理を示している。さもなければ、世の中にこれほど多くの諍いや犯罪が、そして絶えざる戦争や内乱が見出されるはずはない。

私には、人は利他的な側面と利己的な側面との両方を備えた、両義的な存在であるように思われる。このことからすると、境界線を取り去りさえすればすべてうまく行くという考えも、逆に取り去ったらとんでもないことになるという見方も、どちらも極端な考え方である。

1　国民国家とセキュリティ

その上で確認しなければならないのは、私たちはすでに境界線と共に暮らしているという点である。私たちは境界線を知っている。その意味はきわめて大きい。知らないものは知らないが、知っているものを知らないことにはできない。

私たちは、自分たちの社会の範囲を、限定的にとらえることに慣れている。社会には外部があるものとし、そして社会の外部で起こる問題は、無関係なものと考えるのを当然としている。

こういうからといって、境界線を相対化できないわけではない。境界線と共にある現状をふまえ、その意味を考える作業から出発すべきだということにすぎない。

境界線は恣意的であると強調し、それを取り去りさえすればすべてうまく行くと考える人びとは、境界線を伴う現在の「悪い秩序」の覆いの下に、すでに「良い秩序」が隠れていると思っているのだろうか。しかし、そのようなことは何ら証明されていない。

国家と市民社会とを区別できるとする人びとは、暴力や強制力によって人を動かす国家秩序の下に、人びとが相互に助け合う市民社会秩序があると考えているようだ。そのような層状構造の比喩は、何らかの事情で国家に絶望した人びとに希望をもたらすものと受け取られた。そのことは否定できない。

しかし、そのような思考法、すなわち国家と市民社会との間に、自明なものとして境界線が存在しているという考え方そのものに、落とし穴はないだろうか。そこでは、悪が凝縮する国家と、悪を免れた市民社会とが、きれいに分離しているかのように前提されている。もしそうであったとすれば、どんなによいことか。その場合、私たちに必要なのは、悪の部分を除去することだけである。

しかしながら、そうした層状構造は実際にあるのだろうか。私はそれを疑っている。それは、先にふれた人間の両義性と関係している。外科手術で患部を摘出するようなやり方をすることはできないのではないか。なぜなら、私たちの秩序は層状というよりも、より混沌としたかたちで、強制的な要素と協調的な要素がないまぜになったかたちで存在していると思われるからである。

そして、それは、社会の範囲が、実際には国民（ネーション）の範囲と区別できないものとして意識されていることと関連している。しかも国民の範囲を決めるのは、実際には強制力をもつ国家（ステート）である。国家と国民と社会がきわめて密接な関係にあるというこの事情が、社会を強制力と無縁なものとしてとらえることを不可能にしている。

国民という単位は、一般に、言語や宗教や生活様式などを同じくする同質的な人びとの範囲であると想定されている。こうした想定を頭から否定することはできない。国民という単位がそれなりに安定的なものとして成立しているところでは、さまざまな同質性が見出される。ただし、まず同質性があって、そのために一つの単位にまとまったのか、それとも一つの単位になったために同質性が生じたのかは、簡単にいえない。

外部からある程度切り離されたかたちで長い間共に暮らしたなどの理由で、人びとの間に一定の同質性がすでにある場合、その集団がまとまり易いのは当然であろう。つまり、同質性があった方が国民という単位はつくり易い。しかし、国家が、つまり政府が特定の言語や文化を基準として押しつけ、教育などを通じてそれを人びとに植え付けることなしには、国民という単位は成立しなかった。

国家とは地表に境界線を引いて（領域の画定）、ある範囲の人びとを囲い込み（人口の画定）、その範囲内で法的な管轄権を主張するものである。すなわち、その範囲内で通用するルール（法）を国家はつくり、最終的には暴力を使ってでもルールを守らせようとする。

国家とは正当な暴力を独占するものであるという表現は、したがって、国家というものの性格を正しく伝えている。ただし、このことから、国家を暴力との関係だけでとらえ、国家をもっぱら暴力的なものと見なすとすれば、それは誤りである。

というのも、国民なき国家を想定することは、ほとんど意味がないからである。人間の群としての国民が存在して初めて、国家は存在できる。ところが、先にもふれたように、人間が両義的なものであるとすれば、国民という単位が協調性と無縁なところで成り立つとは考えられない。個々の人びとが国民という単位を維持しようとするからこそ、その単位は安定的に維持されうる。そして、そのようなかたちで国民という単位が内側からの支えをもたなければ、国家が国民という単位を囲い込もうとしてもうまく行かないであろう。

人びとはなぜ国民という単位を囲い込む国家を支えるのか。それは、人びとがセキュリティを求めるからである。「人は人に対して狼である」状態をおそれるあまり、人びとは、セキュリティを可能にすると主張する国家を求めるのである。もちろん、実際には国家がセキュリティをもたらすとは限らず、むしろ逆に、よりいっそうの暴力や抑圧をもたらすこともある。しかし、その場合には、人びとが国家を支える動機づけは失われる。

セキュリティといってもさまざまな水準がある。犯罪などの暴力的な行為を取り締まり、「外敵」からの攻撃に対抗してほしいというのは、もっとも基本的な欲求であり、それだけを担当するのがいわゆる「夜警国家」である。これは、国家の最小限綱領である。これに対し、個々人の生存・生活の保障までを国家に求めた場合、出現するのが「福祉国家」である。

国家が「正当な暴力を独占」するという考え方は、前者のような国家像により適合的である。そのため、国家の「本質」を暴力との関係に求める論者は、福祉国家のようなものを国家の逸脱形態、あるいはその本質を隠して温情主義的な粉飾を施したものと見なす傾向がある。

しかし、国家に限らず、さまざまに展開を遂げてきた制度なり実践を、あえてその原初の「本質」に遡って定義することに、意味があるだろうか。たとえば、議会が本来は特権的な諸身分の間の調整機構であって民主政治とは無関係であったということから、議会制民主主義の不可能性を主張できるだろうか。確かに議会と民主政治とはもともとは無縁であったが、その後の歴史的展開の中で結びつき、今日では切っても切れないものになっている。同じように、国家がもともとは「夜警国家」的なものだったからといって、それが国家の本来のあり方であり、それ以外は逸脱だなどと考える必要はないであろう。

むしろ注目すべきなのは、夜警国家よりも福祉国家の方が、批判が困難であるという点である。すなわち、そちらの方が人びとの支持を調達する上で、より強力であり、したがって、国家は生き延びるために福祉国家になって行く傾向がある。そうであるとすれば、福祉国家に向かうような側面も含めて、国家について考えるしかないのではないか。

しかしながら、福祉国家に対してもさまざまな批判が行われてきた。何よりもまず、国家が個々人の生存や生活の面倒までみるようになると、自由が失われてしまうのではないか。こうした懸念は、自由と権力とが対立すると考える人びと（自由主義者）によって、繰り返し唱えられてきた。自由主義者といってもさまざまであり、一方には市場での経済的な関係を重視し、そうした関係を自由なものと見なす人びとがいるし、他方には、国家と共に市場をも強制的な領域と見なし、その両方から自由な場を求める人びともいる。

ここで注目したいのは、後者である。前者が人間と人間との関係を競争的なものと考え、社会的な連帯そのものを疑う考え方であるのに対し、後者は、すでにふれたような、国家と市民社会とを区別する立場とほぼ重なる。つまり、社会的なものを大切にしようとする人びとが、それにもかかわらず、いやむしろそれゆえに、国家が社会的なものを保障することに対してよりきびしい態度をとっているのである。

彼らの疑いにも確かに根拠がある。国家が人びとの生活を保障するには、生活の隅々にまで国家が目を届かせる必要がある。干渉することなしに面倒をみることはできない。しかし、その一方で、自らの生活や、いわんや生存に不安を抱えている人が、自由に行動できるか、という問題がある。生活の基盤を国家が保障することは、個人の自由と矛盾するというよりは、むしろ自由のための前提条件ではないか。今日では、こうした考え方が浸透し、国家と自由との関係の両義性が認められている。

ただし、ここにもう一つ別の問題がある。国家が生き延びるために福祉国家になろうとしても、それはつねに可能か。もちろん、そうではない。端的にいって、財源がなければ不可能である。そして国家が十分な財源をもてるかどうかは、経済的な条件をはじめとするさまざまな事情にかかっている。国家は福祉国家でなければならないという考えが人びとの間に行き渡った後に、福祉を切り詰めていこうとすれば、それはたやすいことではない。それどころか、国家そのものへの不信感を招きかねない。国家に対する人びとの期待が高いことは、国家の強さであると同時に、もろさでもある。

2　国民的連帯の理由

しかし、福祉国家にこうした困難がつきまとうとしてもなお、セキュリティを求める人びとの期待に応えられそうなものとしては、国民を囲い込む国家しかないのではないか。このような考え方が最近改めて力をもっている。それは、国民という単位を強調する点では一種のナショナリズムであるが、自らの属する単位が他の国民に比べて優れていると声高に主張するようなそれではないとされる。社会的な連帯は実際には国民的な連帯というかたちでしか実現しないと強調するのである。これまでは、社会的なものを大切にする人びとはナショナリズムを嫌い、国民という単位について語ることを避ける傾向があったが、それが社会的な連帯の実現を阻んだというのがその主張である。

なぜ社会的連帯は国民的連帯でなければならないのか。財の再配分を行うには、すなわち、持たざる人びとに配るための資金を持てる人びとから集めるには、その前提として、人びとの間に非常に強い連帯意識がなければならない。そして、そうした強い連帯意識は現在のところ、国民という単位でしか成立しないというのである。

この議論を覆すのはそうたやすいことではない。これまでの経験に見るかぎり、国民という単位の内部で、地域間の、あるいは個人間の平準化がそれなりに進められてきたことは否定できない。もちろん、平準化がつねに行われたとはいえないが、国民という単位を越えて、あるいはそれ以外の別の単位の内部で行われた例ははるかに乏しい。国民以外の単位での平準化の試みは、ヨーロッパでこそ一定の成功を収めつつあるが、それ以外の場所ではほとんど現実的なものとなっていない。

ただし、これが国民としての同質性の意識の直接的な結果なのかどうかは意見の分かれるところである。同質性は無関係ではないかもしれない。人びとが支えることなしに、どのような政策も長期的・安定的に実施できないという意味では。しかし、無視できないもう一つの要因として、明らかに国家の強制力がはたらいているはずである。端的にいえば、税金を強制的に徴収する機能の重要性である。再配分に協力し、社会的に連帯しようという動機が弱い、あるいはまったくない人びとからも、強制的に税を徴収できる。このような主体は国家しか存在しない。そうである以上、社会的な連帯の基礎として、国民としての意識について語る論者は、はっきり述べていないとしても、実際には国家に依存することになる。

社会統合の境界線は国境線と重ね合わされると考える人びとは、このように国家の強制的な徴収力に注目するが、それと共に彼らが国家に期待しているものが、実はもう一つあるのではないか。

それは、人びとの自由な移動を制限する国境管理への期待に他ならない。治安に関心をもつ夜警国家にとってとは別の意味で、福祉国家では、人の移動を制約することが重要になる。それは、何よりも、人びとを囲い込まないと財源が確保できないのではないかとの恐れからである。たとえば働きざかりには福祉国家の高い税金を避けて税の安いところで稼ぎ、高齢になって福祉国家の恩恵を受けるような人がふえれば、福祉国家体制は維持できない。移動に制約があることこそが、目先の有利や不利を越えた人びととの連帯を可能にしている、というのである。

この皮肉な見方も、一面の真理を伝えているかもしれない。人がある集団に帰属意識をもち、その集団のために働いてもいいと思ったり、その集団のために犠牲をはらってもいいと考えたりするのはなぜか。それは、その集団に縛り付けられているからではないのか。いや、縛り付けられているという言い方自体、移動の制約が不当だという、何ら根拠のない前提の上に成り立っている。移動しにくいという事実こそが、人間関係を安定させ、責任ある行動を人びとにとらせるのではないか。そして、安定した人間関係や行動に対する責任が私たちにとって必要であるとすれば、移動制限は必要といえないか。

このことは、確かに考えてみる価値がある。田舎では人びとがお互いに助け合っているが、都会では助け合いがなく孤独な生活を余儀なくされる、とよくいわれる。しかし、それはたまたま田舎には親切な人が多く、都会には薄情な人ばかりが住んでいるということではあるまい。田舎では同じ人びとと長い間、時には一生、さらには何代にもわたって、つき合って行かなければならない。その場合、目先の利益だけで行動して評判を落とすことは、とうてい合理的とはいえないだろう。親愛の情といったものを考えに入れず、一人ひとりが自分さえよければいいという前提で行動していると仮定しても、結果的に助け合いに見えるような行動以外のものが出てくる余地はあまりないのである。

これに対し、都会では人の流動性が高いので、他人との関係を長期的な視点から考え、良好な関係を保とうという動機づけは生まれにくい。都会では、交通機関や商店、レストランで隣合わせた人と、二度と会わない可能性がかなり高い。少なくとも人は、自分の周りが見知らぬ人びとだという前提で行動している。住居にしても、隣に住んでいるのがどういう人か知らないことはごく普通である。このような状況で、人が自分勝手と見えるような行動をしたとしても不思議ではなかろう。逆に自分が犠牲をはらったとしても、そのことを知っている人はすぐにどこかに行ってしまうかもしれないので、将来、自分が困った時に助けてくれると当てにはできないのである。

同じようなことは家族関係をめぐってもいえるかもしれない。「行きずりの」性的関係を制約する結婚という制度や、生物学的な親に強い法的な義務を課して子供の養育に当たらせる親子という制度は、「移動」を困難にすることによって安定した関係と責任ある行動を可能にする（あるいは強制する）制度であるように見える。

このように見てくると、これまで人びとは国境線の中に囲い込まれて、そこからなかなか移動できず、その中で長く生きて行かなければならないと思っていたからこそ、国民相互の助け合い、すなわち国民的な再配分や連帯に理解を示してきたのだという考え方にも、一定の説得力はある。国境線さえ取り払えばすべてはうまく行くという楽観的な見方を相対化する意味でも、そうした考え方を取り入れることは確かに重要である。

そして、このことは自由主義的な考え方、すなわち人は自由を求め強制を嫌う存在なので、強制がなくなればそれに越したことはないという考え方を相対化することにもつながる。もちろん自由は大切だが、自由だけが大切なわけではない。強制や制約によってはじめて実現できる事柄もある。自由に移動することができ、自由に他の人びとと関係をもつことができるというのは、個人の自由の中でもとりわけ重要なものであるが、それさえ絶対化すべきではないということであろう。

3　国民的連帯の困難

このように、国家による移動制限の意義に注目し、国内での強制徴収権力と共に、社会的連帯を実質化できるのは国家のみだとして、国民的連帯の再強化を主張する議論はありうるし、すでに出てきている。しかし、これに対しては、大きく二つの方向から、批判を加えておきたい。一つは、現在では国民単位の連帯はすでに不可能となっているのではないか、ということ。もう一つは、仮に可能だとしても、それは大きな弊害を伴うのではないか、ということである。

何よりもまず、国境を越えたカネ・モノ・ヒトの流れは押し止めることが困難になりつつあるのではないか。ここで困難とは一つには技術的な困難であり、止めようとしても横から、あるいは裏から流れてしまうのでどうしようもないということを指す。それも確かにある。しかし問題はむしろ、流れを止めるのは私たちにとって必ずしも利益にならないので、そういう選択をしにくくなっている点にある。

国際的な投資の加熱が経済危機につながった現在のような状況では、カネの流れを諸悪の根源と見なし、それを規制すべきだといった議論が力をもちやすい。しかし、閉じた国民経済の中で資金的に自足できるような環境が、そうそう得られるとは考えられない。モノの流れについては事態はもっと明白であり、外国から安い食料や衣料品などを輸入することなしに、私たちの生活は成り立たない。

これに対して、生活のあり方そのものを見直すことで、国境を越えたカネやモノの流れを抑えても生活できるようになる、という考え方もあるだろう。できるだけ良いものを安いところから買う、という経済原則をあえて棚上げし、品質が劣ったり高価であっても、国内で賄うというやり方である。

そうした「鎖国」政策が不可能だとはいわないが、それを実現するには、国民の間で禁欲的な合意をする必要がおそらくあり、非常な困難が予想される（ただし、カネやモノの流れを抑えることで、かえって所得水準が上がったりモノの値段が安くなったりする見通しがあるなら別だが）。

一般に、パイが全体として大きくなりつつある時は、パイの分け方はあまり問題にならない。分け方が不均衡で、小さい分け前しかない人がいても、以前よりは大きくなるのでそれほど文句は出ない。ところがパイを縮小する場合には、すべての人が不幸になる。とりわけ、分け前の小さい人がもつ不満は強いであろう。不満という心理的な事情にとどまらず、パイの分け前が限界を越えて小さくなれば、セキュリティの問題にかかわってくる。

このように、国民的な単位での社会的連帯を強めようとして、国境線を再強化してカネやモノの流れを遮断すると、逆説的なことに、かえって国民内部の亀裂の存在、すなわち内的な境界線の存在が強く意識されることにもなりかねないのである。

もとより、カネやモノの流れを認めた場合にも、それがもたらす利益が国民全体に同じように及ぶとは限らない。それどころか、実際には、かえって格差が開く場合さえある。外国の安い食料が入ってくる中で、国内の農業が打撃を受けるのはその例である。そして、産業間の格差は、しばしば地域間の格差と結びつく。競争力が高いとされる産業のある地域が、国際競争によって利益を受ける一方で、そうでない地域は割を食うことになる。しかしながら、こうした事情があるからといって、流れを制限するという選択をするのは難しい。

外に対して開きながら、同時に内側で再配分を強力に行うことはできないだろうか。それが可能なら、連帯の単位としての国民は生き残ることができよう。しかし、カネやモノが国境を越えて激しく動く中で、国民的な単位で再配分を行うことには困難が伴う。それは何よりもまず、国家による強制的な徴収機能が十分にはたらかなくなるからである。流れているカネやモノに対して、どの国がどれだけ税金をかけられるかが難しい問題として残る。

ヒトの流れについてはどうか。国境を越えて動くヒトの流れを止めることが、技術的にきわめて困難なことはまず明らかである。無理にそれを行おうとすれば、管理や監視を強めなければならず、人びとの自由は大きく制限されるだろう。それ以上に、カネやモノの流れについてと同様に、ヒトの動きを規制することは、規制する側の生活に大きな影響を与えることになる。移民導入に批判的な論者は、移民が仕事を奪っていると主張するのが常であるが、実際には、相対的に豊かな国々での暮らしは、移民による労働なしには、もはや成り立たなくなっている。急速に高齢化・少子化しつつある社会では、その傾向はなお強い。

もっとも、ヒトの移動には、カネやモノの移動の場合とは異なるかたちで、さまざまなコストが伴うのもまた事実である。国境線を越えて移動するといっても、短期的に訪れる場合もあれば、そこでの定住を覚悟して行く場合もあるが、いずれにしても、異なる文化が優勢を示す中で暮らすことを余儀なくされる。また、移民は通常、恵まれない地位から出発しなければならず、さまざまな苦労が予想される。

他方、受け容れる側でも、移民の増加はさまざまな意味で、セキュリティを脅かすものと受け取られがちである。まず、相対的に貧しい地域から流入する人びとによって、治安が悪化するとの主張がなされる。これに加えて、国民的な連帯そのものが掘り崩されかねないともいわれる。異なる文化をもつ人びとが流入することで、国民の文化的な一体性が失われ、再配分への動機づけがなくなってしまうというのである。ヒトが活発に移動することそのものが、どの範囲内で負担し合い、再配分するのかをめぐる安定性を低くしてしまうともされる。

こうしたさまざまなコストが伴うとしても、それでは国境線を再強化できるかといえば疑問である。それは、私たちはすでに境界線を越えることを知っているからである。知っているものを知らないことにはできない。

この文章のはじめの方で、「私たちはすでに境界線と共に暮らしている」のであって、「知っているものを知らないことにはできない」とした。境界線を越えることについて今同じ言い方をすることとの間に、一種の矛盾があるととらえる向きがあるかもしれない。しかし、仮に矛盾しているとしても、それは私だけの問題ではない。私たちは、境界線を引くことによって利益を得ようとしていながら、同時に、境界線を越えることによっても利益を得ようとしている。そうした私たちのあり方を、まず見つめるべきではないか。

この議論に対して、ひとつの反論が予想される。それは、ここで「私たち」とされているものが実際には一枚岩ではなく、そこに亀裂があるのであって、そのことに注目すべきだという反論である。すなわち、一方には境界線によって利益を得る人びとがいて、他方には境界線を越えることによって利益を得る人びとがいる。そのように、「私たち」の内部の境界線を見なければならない、という。そして、そう分析してみれば、「私たち」が矛盾をはらんでいるわけではなく、利害が対立する諸集団を「私たち」と一括して扱う私の議論が間違っているだけだ、ということになるかもしれない。

そうした議論にも確かに根拠があるし、それに類することはすでに述べてきた。国民的な連帯といっても、パイの配分をめぐって恵まれた立場にある人びとと恵まれない人びととの対立があること、境界線の相対化についても、それで利益を受ける産業分野や地域もあれば、逆に損害を蒙る分野や地域もあることにふれた。「私たち」の内部に亀裂があるのは、むしろ当然である。

ヒトの移動に関しても、あえて戯画化していえば、以下のような区分ができるかもしれない。階層の一番上には、自家用ジェットで飛び回る人びとがいる。彼らは国籍を変えることさえ何とも思っていないし、それをすることも容易である。その下には、ある国民国家においてそれなりに安定した地位を得ている人びとがいる。彼らは、今手に入れているものを失うことをおそれ、外国には移住しないし、余所者の流入には批判的である。その下に、現在の場所では十分に安定した生活ができないが、借金をすれば貨物船で外国に渡れるくらいの人びとがいる。彼らこそが、移民の最大の供給源である。そしてその下に、今の場所で絶望的な地位にあるが、外国に行くための資源もなければ、そうするに必要な知識もない人びとが存在する、といった具合に。

このように「階級分析」をすれば、「私たち」が両義的なのではなくて、国境線に対して態度を異にする諸階級の間の境界線があるだけなのだ、ということになるのだろうか。そうは思われない。右のように態度が分かれるとしても、そこで人びとは、国境線による利益と国境線を越えることの利益とを天秤にかけて、どちらに傾くかによって自らの行動を決めるという、同じ選択をしていることに注目すべきである。したがって、経済条件をはじめとするさまざまな状況の変化によって、ある時点で「国境派」であった人びとが別の時点では「越境派」になることが十分にありうる。人びととの間の境界線は、固定的なものではなく、ごくごく暫定的なものである。「私たち」はみな、二極の間にある存在であるというのは、このことを表現している。

4　グローバルな連帯？

ところで、国境線の再強化がもし可能だとしても、それには大きな弊害が伴う。境界線の内部の平準化に仮に成功しても、それは人類全体にセキュリティをもたらすものでは必ずしもない。このことをどう受け止めればよいのか。

まず、それぞれの国民国家が自らの国境の内部を最適化し、それがすべての国民国家に及べば、結果としてセキュリティが全体に行き渡るはずだという考え方がある。国境線によって人びとを囲い込み、その範囲内について責任をもつ国家以外に、セキュリティを実質的に供給できる主体は見当たらない。したがって、国家に期待するしかない、というのである。

これに対し、すぐに浮かんでくる反論は、曲がりなりにも国民の生活を保障しているといえるような国家は、現実にはきわめて少数だという点である。地表の上に生きる人類のほとんどは、国家による保護とは無縁なところで暮らしている。それどころか、逆に国家に抑圧され、迫害を受けている場合さえ少なくない。こうした現状で、国家にそれほど大きな役割を期待できるのか。

さらに、相対的に恵まれた地域と恵まれない地域との間の非常に大きな格差をどう見るかという問題がある。欧米や日本のような地域と、アフリカのように多くの人びとが飢餓線上にある地域との差をそのままにして、それぞれの地域で平準化を試みても意味がないのではないか。

こうした疑問に対しては、いくつかの異なる種類の対応が考えられる。一つめは、そもそもなぜ人類全体の運命について考えなければならないのか、と反論することである。私たちは、いかなる意味でも人類全体への義務など負っていない。人類全体に及ぶ法がない以上、法的な義務はない。道徳的な義務といったものは想定できるかもしれないが、それは単なる説得にとどまり、無視してしまえば終わりである。国民という単位が私たちにとってかろうじて想像力が及ぶ範囲であるのに対し、人類はそうではない、というわけである。

「私たちはすでに境界線と共に暮らしている」とする以上、私もまたこの論者と認識を共にする面がある。確かに人びとは、国民という境界線の外部には冷たいものである。しかし、同時に注目したいのは、右のような身も蓋もない議論、すなわち、自国民さえよければそれ以外はどうなってもかまわないという議論を、表だって主張することは難しいし、実際にほとんど主張されていない、という事実である。

このことは、逆説的にも、人類に対する道徳的義務の観念に近いものが、実際にはすでにかなりの程度広まっていることを示しているのではないだろうか。もちろん、義務の濃淡はある。国境線の外部に対して、内部と同様の義務の意識をもっていることはない。にもかかわらず、全面的に利己的にふるまうことができない程度には、国境線の外部に対して義務感が存在しているのである。

今日では、相対的に恵まれない地域に対して、恵まれた地域から援助を行うことが一般的になっている。援助は主権国家の政府によって、別の主権国家の政府に対して行われることが多い。最近では、受け入れ先の政府が腐敗していたり破綻していたりする場合、せっかくの援助が必要な現場にまで行き渡らないとの考え方から、国際機関が直接に関与する場合もふえている。いずれにしても、こうしたかたちで、国境線を越えた再配分が、ごく限られたかたちではあれ、現に行われている。このことは、国内のことはそれぞれの国家にゆだねればよいという前提が、すでにある程度相対化されていることを意味する。

こうした方向性をさらに推し進めて、人類全体を対象とする平準化のための再配分、すなわち人類を単位とする社会的な連帯について考えるべきだという考え方もある。国境線は恣意的であり、ある線のどちら側にたまたま生まれたか、あるいは暮らしているかによって、生活の質が左右されてはならない。平等性という正義は、それぞれの国家で追求されるべきものではなく、グローバルな正義が考えられなければならない、というのである。

このような正義観について、そんなものはありえない、と一笑に付す人びともいるかもしれないが、そう簡単なものではなかろう。右に見たように、私たちがすでに国境線の向こう側にいる人びとの運命を、完全に無視することはできなくなっていること。しかも、国際的な援助が必要だという考え方そのものが、すでにゆるぎないものとなっていること。これらのことからしても、私たちは、そうした正義観と無縁ではない。にもかかわらず、他方で、人びとがそのような考え方を当然するはずだとか、現在の主権国家単位のあり方が「悪い秩序」であると人びとを説得しさえすれば、新しい「良い秩序」が受け容れられるだろうと考えるとしたら、素朴にすぎるだろう。

人は利他的であると同時に利己的な、両義的な存在である。そして国境線についても、一方でその存在を重視しながら、他方でそれを越えることを望むという、両義的な対応をしている。これが現状である。このことを前提として地球大で再配分をするには、何が必要になってくるだろうか。

すでに見たように、国民という単位で再配分をするために国家が必要とされるのは、二つの理由による。つまり、強制的な徴収力の確保と、移動の管理という点で、国家は役割を期待されるのであった。したがって、地球大の再配分を行う方法としてひとつ考えられるのは、強制的な徴収力をもつ、地表を覆う国家のようなものをつくることである。しかし、そうした巨大な権力ができることが、必ずしも望ましいとは思えない。地球大の国家といえども、長続きするためには人びとに支えられなければならず、したがって全面的に抑圧的な、あるいは暴力的なものになることはないだろうが、それでもなお、対抗する勢力のない存在は危険である。

それ以前に、重要なこととして、そうした地球大の秩序がつくられることを認め、そこに加わろうという動機を、主権国家がもつことが想定しにくい。しかも、それは政府担当者やその利益にあずかる人びとの単なる利己主義によるものではない。一つひとつの国家は、内部を最適化するよう求められている。その時に、自らの境界線を放棄するという選択肢は、あまりにも危険な賭けとしか見なされないのである。

そうであるとすれば、現実的には、今の主権国家単位の秩序を前提とした上で、それぞれの国家が責任をもって、地球大の再配分のために努力するくらいしかなかろう。これは、国際的な援助を当然とする今の世界のあり方を、もう少し先に進めたものであるから、想像できないようなものではない。しかし、特定の国家が利己的にふるまった時に、国家を強制する手段がないという問題は残る。つまり、強制的な徴収力という点で、地球大の秩序は、国家に比べて不安を残している。

それではヒトの移動についてはどう考えるべきか。興味深いことに、右の二番目のかたち、つまり、それぞれの国家が責任をもって世界的な再配分に努めるような例では、ヒトの移動がさほど多くないことが前提とされている。ヒトの移動があまりないと前提されるからこそ、どの人びとが援助する側であり、どの人びとが援助される側であるのか確定できるのである。もし、ヒトが大きく移動してしまえば、再配分について算定することは困難になるであろう。

このことは、移民政策と援助政策との間の微妙な関係を浮き彫りにする。相対的に恵まれた地域では、国境線を越えたヒトの移動が活発になるのを避けるために、つまり、移民を多く受け容れなくてもすむようにするためにこそ、積極的に対外援助を行ってきた側面が否定できないのである。カネやモノについて一定の再配分を進めて、ヒトの移動を不要にすることが、おそらくは暗黙のうちに前提とされてきた。そうしたやり方の延長上に、ヒトよりもカネとモノを動かして、地球大の連帯を実現するということが考えられる。

これに対し、これまで国内についてそうであったのと同じように、地表をヒトが自由に移動できるようにする、というのがもう一つの選択肢である。国境線を取り除くことで、世界的な連帯を実現することになれば、カネやモノと同様にヒトの移動も無制限にすることになるだろう。そして、世界の恵まれた地域と恵まれない地域との間に現にある格差を前提とすれば、そうした奔流のようなヒトの流れを想定しないと、人びとの境遇の平準化が本当の意味で進むか疑わしい。しかし、その一方で、すでに見たように、人は強制や制約があってはじめて、他の人びととの間の関係を長期的に保とうとする動機をもつ側面があるとすれば、移動を完全に自由にすることは、そうした動機を失わせることにならないかという懸念もあるのである。

境界線によって得られるものと失われるもの。境界線をなくすことによって得られるものと失われるもの。社会的統合をめぐる私たちの考察は、こうした両義性の中をさまよい続けている。

[参照文献]

ウォルツァー、マイケル（二〇〇六）『政治と情念——より平等なリベラリズムへ』齋藤純一・谷澤正嗣・和田泰一訳、風行社（Michael Walzer, *Politics and Passion: Toward a More Egalitarian Liberalism*, Yale University Prress, 2004）……人びとが連帯する上で、移動の困難さが果たす役割について強調したもの。

萱野稔人（二〇〇五）『国家とはなにか』以文社……国家を暴力との関係で論じたもの。

坂本義和（一九九七）『相対化の時代』岩波書店……国家とも市場とも区別されるものとしての市民社会の意義を強調したもの。

杉田敦（二〇〇五）『境界線の政治学』岩波書店……境界線と政治の関係をめぐる筆者の考えを展開したもの。

——（二〇〇九）「社会は存在するか」『岩波講座 哲学』第一〇巻「社会／公共性の哲学」……社会・国

家・国民の密接な関係について論じたもの。

ベンハビブ、セイラ（二〇〇六）『他者の権利——外国人・居留民・市民』向山恭一訳、法政大学出版局（Seyla Benhabib, *The Rights of Others: Aliens, Residents, and Citizens*, Cambridge University Press, 2004）……ヒトのグローバルな移動可能性について論じたもの。

ポッゲ、トマス（二〇〇七）「現実的な世界の正義」児玉聡訳、『思想』九九三号（Thomas W. Pogge, "Real World Justice", *The Journal of Ethics*, 9, Gillian Brock and Darrel Mollendorf (eds.), *Current Debates in Global Justice*, Springer, 2005）……グローバルな連帯の必要性について論じたもの。

ミラー、デイヴィッド（二〇〇七）『ナショナリティについて』富沢克・長谷川一年・施光恒・竹島博之訳、風行社（David Miller, *On Nationality*, Oxford University Press, 1995）……国民的な連帯の重要性について論じたもの。

6 国境と人権

（二〇一一年一月）

1　国境線とは？

——国境と人権の関係について、どう考えればいいでしょうか。

人権は普遍的なものであり、国境は特殊的な国家を囲い込むものである。したがって国境と人権とは対立している、といって済むのなら、話はそれでおしまいです。しかし、人権と国境との関係は、けっしてそう単純なものではありません。

まず確認しておきたいのは、国境というものの性格です。二つの国家が一本の国境線によって分けられているとして、この線はどちらの国に属しているのか。それとも、いずれにも属していないのか。いろいろな考え方があるでしょうが、ここでは、線は両者に属していると考えたい。なぜなら、両国はこの線の存在を認めています。もしも、どちらかが認めていないとすれば、境界線の地位はそもそも確立したものとはいえません。したがって、この線はいずれの国においても、それぞれの国家の内側の論理によって基礎づけられていると考えられるのです。

線がそこにあるということは、それぞれの国の国内法体系の中で確認されています。つまり、国内の他のさまざまな事柄と同じように、隣国との境界線は国内事項としての側面をもっているのです。しかも、それは隣国にとっても国内事項です。

――それがそんなに重要なことでしょうか。

きわめて重要です。ともすれば私たちは、隣国などとの対外関係を、国家としての存立とは切り離して論じられるように考えがちです。つまり、ある国家は国家として、他国との関係などとは無関係に成立し、その上で、いわば次の段階として、隣国などと関係を結ぶ、という考え方です。しかし、これは正しい考え方とはいえないでしょう。国家が成立した時点で、国家は境界線を隣接地域と共有せざるを得ません。その線は隣国の一部でもあるわけです。したがって、境界線という、このやっかいなものを通じて、他国との関係がすでに国内問題になってしまっているということです。もう少しいえば、内部と外部とを厳密に区別することなどできるはずがないということになります(1)。

――そうでしょうか。まさに国境線を引くことによって、内側と外側とを区別することができているのではありませんか。

国境はその両側の国家に対して、どのような効果を及ぼしているでしょうか。確かに、一面では、それは二つの地域を切断します。ある国家にとって、その線より外側は自分たちと無縁な、あるいは少なくとも無縁と思いたい領域であるということになります。

しかし、この線が両国に属しているという先ほどの議論との関係で、線が実は両国をつなぐ役割をも果たしているということを忘れてはなりません。二つの国はこの線によってつながっているのです。互いに没交渉であろうとしても、つまりこの線をいわば壁のようにして（文字通り壁を築くこともありますが）、相互浸透を防ごうとしても、それは非常に困難であり、境界線を越えてさまざまな交流が生じることは潜在的には不可避です。

このことは、ナショナリズムとの関係で、強調しておく意味があります。ナショナリズムとは、国境線によって分けられた地域のそれぞれの人びと、つまり国民とされた人びとが、境界線の存在を強く意識しながら、国民としての自分たちの特殊性（特殊な優越性）を主張しようとする試みです。その場合、境界線のすぐ向こうの「彼ら」とは違うということが強調されます。ナショナリズムが強まると、外国人や外国との関係を排斥する排外主義のようなものも出てきます。

しかし、実際には境界線を通じて私たちはつながっている。隣接地域との異質性をどんなに強調しようと、長い間に築かれた関係や、共有しているものが多い。このことを認めず、むしろ、だからこそ差異を強調するといったことになると、ナショナリズムは無限に強まって行くことになります。もちろん、境界線がある程度長く維持されてきたところでは、それによって切断された面もあり、差異の存在をいちがいに否定することはできませんが、それが一定の限界内のことであることを意識すべきでしょう。

――確かに強すぎるナショナリズムは問題を引き起こしますし、まして排外主義などは論外ですが、だからといって、内部と外部とが区別できないというのはいいすぎではないでしょうか。

まったく区別できないといっているのではなく、厳密に区別することはできないということです。隣国との関係について、一番大切なことなのに、しばしば忘れられているのは、国家は引っ越しできないということです。個人の場合、隣家の人と折り合いが悪ければ引っ越すこともできます。しかし、国家の場合には、隣国との関係がどんなに悪くても、どこかに移動することはできないし、相手にどこかに行ってもらうこともできません。国家というものを地面の上の領域に結びつけて考える、今の一般的な前提からすればそうです。そうである以上、境界線を共有している隣国との関係が重要であることは自明でしょう。隣国で何が起こっているか、つねに注意をはらわなければならないし、決定的な対立は避けなければならない。その意味で、どの国家も好き勝手にふるまうわけには行かず、地球上にある場所を占めていることによって行動を制約されている。このことをいっているのです。

なお、公海に囲まれた島国では事情が違うと考える人もいるかもしれませんが、そんなことはありません。海はいわば境界線が太くなったようなもので、その向こうにいろいろな国があることに変わりありません。

――国境はその両側の二国間に共有されているということですが、国境をどうとらえるかは、基本的に当事国だけの問題だということですか。

そうではありません。もちろん、ある特定の国境をどうするかは、それを共有する国々の問題ですから、お互いに交渉して、境界線を移動させることもできる。しかし、ご承知の通り、国家というものは自分で勝手にそう名乗っているだけでは一人前ではなく、国際的に承認されていることが絶対に必要です。それぞれが境界線によって囲い込まれたものであることを、世界中の国家が、お互いに認め合い尊重し合っている。そうしたシステムが存在する限りにおいて、個々の国家の地位は安泰になるわけです。

ここから、自分のところの国家が直接共有する境界線でなくても、それが不安定化することは避けたいという心理が生まれてくるのは当然でしょう。その意味では、それぞれの個別の、いわば「小文字の国境線」だけでなく、国境線の総称としての「大文字の国境線」というものに、関心をもっているといえます。今、心理とか関心とかいいましたが、国家そのものが生き物のように心理をもつわけではない。結局、国家に属し国民となっている人びとの多くの部分が、国家というものの存在を受け入れているということです。

――「大文字の国境線」への関心といっても、それは一種の惰性にすぎないのではないでしょうか。これまで国境線があったのだから、という。

そうでしょうか。国境というものが根強い理由はいろいろとあると思います。人権との関係でそれがもつさまざまな機能について、少し整理して考えてみたいと思います。

2 人権保障の範囲？

国家を擁護する側からまず主張されるのは、人権というものを多少とも保障できるのは国家だけだということでしょう。したがって、国家による人権保障の範囲、つまり法的な管轄権を明示しておくことは非常に重要だ、と。

もちろん、人権は人が生まれながらにもつものであり、したがって、国家に先だって存在するものです。国家などなくても人権はある、ということは口ではいくらでもいえます。しかし、それなら、法体系やそれを支える制度をもつ国家以外に、人権を実現するものは現実にあるのか、と問われると苦しいところがあります。ヨーロッパ連合は、既存の国家を超えた存在としてつくられ、最近では域内の人権保障のメカニズムが整備されています。しかし、これは国家とは無縁の存在というよりも、国家の延長上に、いわば巨大国家として成立したものと見ることもできるでしょう。

言論の自由、宗教の自由、身体の自由といったものは、それぞれの境界線の中で通用する憲法に明記され、国家機関としての裁判所が拘束力のある決定をすることによってはじめて守られ得るという側面が否定できません。

――しかし、今挙げられた一連の権利は、いずれも、国家による抑圧を防ぐために権利として確立したものではないですか。

その通りです。政府への批判を封じようと言論弾圧が後を絶たないため、言論の自由が必要になったわけですし、国家が特定の宗教を弾圧したり、特定の宗教を押し付けたりすることがないように宗教の自由が求められた。そして、政府による恣意的な逮捕などができないように、身体の自由が人権として唱えられるようになりました。

――そうであるとすれば、国家が存在するからこそ、それに対抗するために権利などを主張しなければならなくなったのではないですか。

重要な論点ですね。国家を諸悪の根源と見なす立場からは、そう考えることができます。そして、人びとが国家による無慈悲な弾圧の数々を経験してきたことを想起すれば、そうした発想には十分な根拠があります。

しかし、同時に、権利を現実に意味があるものにする上で、国家が一定の役割を果たすことも認めなければ公平とはいえないでしょう。

さらに考えなければならないのは、私たちの人権を侵害するのは、国家に限られないということです。弱い立場にある人びと、たとえば子どもたちをひどい目に合わせているのは、多くの場合、普通の市民である私たちです。警察や児童相談所といった機関が十分な役割を果たすかは疑問ですが、単に政府を廃止すればそうした弱者が自然に安心して暮らせるようになるとも思えません。

いわゆる弱者に限らず、私たちは暴力を伴う犯罪などによって危害を加えられる可能性がつねにあります。そうした脅威から解放され、安心して暮らせることは、私たちの人権のもっとも重要な一部であり、他の人権の基礎ではないでしょうか。セキュリティがなければ、言論もできません。そういう意味で、国家が果たしている治安維持機能は認めなければならないでしょう。

もちろん、国家の役割は両義的、つまり人権にとって正負の両面があることはつねに念頭におく必要があります。今、セキュリティを守るために国家が果たす機能を強調しましたが、これが強くなりすぎると、何でもかんでも取り締まるということで、かえって私たちの生活は脅かされてしまいます。いつも警察にびくびくしながら暮らすということでは、自由も何もないでしょう。ですから、私はなにも国家がつねに人権の擁護者であるなどといっているわけではありません。しかし、逆に国家を単に人権の抑圧者と見なすわけにも行かないということです。

――市場の役割を重視する人びとからは、経済的な権利が国家と対立するという考え方もありますが。

それも視野が狭い発想といわなければなりません。市場が成り立つためにもっとも必要な所有権は、人権の一つであると通常考えられていますが、これを保障するものは、現状ではまさに国家だからです。自分のものを誰かに不当に奪われても、それを取り返す手段がいっさいないような状況では、誰も安心して暮らせないし、まともに働く気もなくなるでしょう。こうした発想から、近代政治理論を切り開いた理論家たち、とりわけ社会契約論者たちは、セキュリティの確保や所有権の保全を求める人びとの願いが、政治社会の設立の根底にあると主張しました。

所有権というものについては異なる考え方もあります。所有権を盾に一部の人びとが富を独占し、他の多くの人びとが貧窮にあえぐという構図は、昔も今もしばしば見られます。そうした事態を見て、所有こそが人間の堕落の始まりであるとか、「所有とは盗みである」といった議論さえ出てくることも不思議ではありません。このような議論は、繰り返し現れてくるものです(2)。しかし、私は、さまざまなひずみが出ているからといって、所有権なしに人びとがやって行くことは難しいと思っています。単に所有権を否定することからは何も生まれない。所有権を絶対化することも、もちろんできませんが。

今日、市場と国家との対立ということが人びとの主要な問題関心となっています。市場経済の効率性を強調しながら、政府のやることはすべて非効率なので、民間にできるものは民間に任せるべきだといった主張がしばしばなされています。これに対して、市場に疑いをもつ人びと、市場の中で人びとの格差が開いていくという側面に注目する人びとは、可能なかぎり政府に任せようとします。
　こうした対立そのものは、政策的な対立軸として、つまり現在から近い将来にかけての具体的な予算の配分や事業のあり方をどうするかについての選択の問題として、非常に重要なのですが、だからといって、市場と国家のどちらかを二者択一的に選択できるということはあり得ない。今日の私たちの経済活動の規模を前提とすれば、すべてを政府が担うということはありえず、市場は重要です。しかし、市場というものも実は国家による規制の上に成り立っている面がある。国境線の中で通用する法体系によって、経済活動が可能になり、支えられている面も強いからです。

――貧困な人びとにとっての人権はどうなるのですか。

　それは、市場への参加の権利とは別に、生活権のような人権を立てるかたちで対処すべきです。そして、実はそうした権利は、所有権など以上に国家による保障とかかわっており、したがって、境界線と密接な関係をもつと思いますが、それについて次に考えてみましょう。

3　生活保障の単位?

　言論の自由や宗教の自由といった人権は、そうした問題に関して制限がなされないこと、つまり放っておいてもらうことが権利の内容です。このような人権の実現には、基本的に資金は必要ありません。

治安の維持も、さほど金がかかることではありません。まあ、司法や警察を維持する程度の資金は必要でしょうが、「夜警国家」というのは安上がりなものです。

これに対して、人びとが暮らして行くことそのものが権利として意識され、国家が福祉に責任を負うということになると、国家がなすべきことは飛躍的に大きくなり、それに伴って、必要な資金もふくれ上がります。ここで、人権というものの中身が根本的に変化することを確認する必要があるでしょう。つまり、国家が消極的であることを人権の名において要求するようなやり方から、積極的であることを要求するようなやり方への転換です。

そして、人権と国境線の関係も、これに伴って、まったく違うものとして見えてきます。消極的な意味での権利や治安の実現にとって、国境線が果たしている役割は、司法や警察を担う主体としての国家を成り立たせるということに限定されていました。そこでは国境線というものは、主として管轄権の範囲をはっきりさせるためのものでした。法的な責任が及ぶ範囲がどこまでなのかを明確にするということです。

これに対して、国家が人びとの生活保障をしなければならないとなると、国境線の意味は、どの範囲の人びとの生活保障かということに変わります。これは決定的な違いといえるでしょう。消極的な権利保障において、対象となる人数が多少増えても、必要な資金はたいして増えるものではない。しかし、積極的な生活保障では、国家の負担は人数に応じて増えることになります。このことから、次のような事情が生じてきます。現代社会においては、福祉国家であればあるほど、福祉の対象となる人びとの範囲を明確にしなければならず、そのために、入国管理や市民権の管理は厳格になる傾向があるという事実です。福祉国家は人びとに優しいものなので、誰でも気前よく受け容れる、ということにはなり得ません。優しい国家であり続けるためには、政府財政の破綻は避けなければならず、そのためには排除が必要になる、ということです。

——しかし、生活保障の単位が、国家でなければならないという理由はどこにあるのでしょうか。

そんな理由はもちろんありません。国家以外に、それを担えるものが出現することはもちろん可能です。しかし、現状では国家以外に見あたらないことも事実です。

そして、このことの関連でもっともやっかいなのは、国境の閉鎖性、その排除的な性格こそが、福祉を実効的にする上で役割を果たしているという考え方があることです。今も見たように、福祉を維持して行くためには、膨大な資金が必要であり。それを税金などのかたちで強制的に徴収する必要があります。

——強制力がなくても、人びとが自発的に支えるということは考えられませんか。

そのように、国家とは切り離された、自発的な場としての「市民社会」に期待する議論もありますね。そして、そうした側面を無視することはできません。いろいろなヴォランティア団体などが福祉を支えている面は大きい。人びとの自発的な寄付などで財源が賄えれば、それに越したことはないでしょう。しかし同時に、福祉社会の先進地域でさえ、税によって運営するシステムが基本となっていることを無視するわけには行かないと思います。

そこで、強制が必要だとすると、そうした強制力をもっているのは、現在のところ国家だけです。福祉のために税を徴収するとは、言い換えれば、生活権のために所有権を制限するということです。いわば、人権のために人権を制限するということです。こうしたことができるのは国家だけです。

さらに、単に強制力の問題だけでなくて、困っている人びとのために自分の財布からもって行ってもいいと人びとが納得するためには、非常に強い仲間意識が必要であり、それを支えるものは、現在のところ国民という単位しかないという議論もあります。「世界市民」のようなものを抽象的に考えることはできるとしても、強制的な資金の提供までは無理だという考え方です。国民という単位が支える国家、つまり国民国家だけが福祉を実現できるという考え方です。

これに付随して、国家が入国管理を行っていることそのものが、注目されます。もしも移動が完全に自由だとすると、自分にとって有利な時だけある地域に滞在し、自分が負担しなければならないような局面になると別の地域に移動するといったことが可能になってしまう。それを防ぐためには、人の移動を制限することが合理的である。そして、なかなか移動できないという事実、同じ人びとと長く一緒に暮らして行かなければならないという事実があってはじめて、人は特定の集団に属しているという意識を強くもち、その集団のために働こうという意識ももつのだ、というわけです。

――それについては、どうお考えですか。

最近の市場の暴走などを見るにつけ、結局は国民という単位で支え合うしかないのだというかたちで、福祉ナショナリズムともいうべきものが出てくる文脈は、理解できます。

これまでは、政治的な左派が、福祉国家の必要性を説きながら、国際主義を唱えるというのが一般的でした。これにはもちろん歴史的な文脈があり、左派は市場の中で苦境に陥る人びとに同情すると同時に、そうした苦しい労働者たちは国際的に連帯することが可能だと考えたわけです。つまり、苦しい同士は支え合うはずだということですね。しかし、これまでにも見てきたように、実際には、福祉を求めれば求めるほど、境界線で囲い込むことへの期待が高まるという文脈がある。つまり、福祉国家と国際主義との間には、矛盾とはいわないにしても緊張があるわけです。このことは、すでに二〇世紀初めにはわかっていたことですが、最近の経済のグローバル化の中で、改めて確認された面があります。そこから、左派はナショナリズムを否定せず、むしろそれを引き受けて、偏狭なものにならないように注意しながら、それによって福祉国家を推進して行くべきという議論が出てきます(3)。

しかし、現在の世界のように、カネやモノの自由な移動を前提にし、それがもたらす経済的な効果に依存しているところで、ヒトの移動だけを制限できるのかという問題があります。とりわけ問題なのは、人びとが生まれつく環境に、非常な不平等があることです。たまたま豊かな地域に生まれついた人と、貧しい地域に生まれついた人とでは、人生設計の上であまりにも重大な差異が生じます。まったくの偶然性によって、一生が左右されるわけです。

こうした運命の不平等を完全に消し去ることはできないにしても、移動の権利というものを認めなくていいのか。この点について、次に考えてみましょう。

4　移動の自由の制約?

国境があることによって人権が損なわれる、あるいは人権侵害が見過ごされるといった側面について見てみましょう。まず論じられなければならないのは、それが移動の自由を制約するという点で、人間の普遍的な権利を奪うものではないかということです。人は誰でも本来、どこにでも自由に行く権利があるのではないか。こう考えることは自然です。なぜ地面の上に線を引いて、国境管理といったかたちで、人の自由な往来を制限することがゆるされるのか、というわけです。

――移動の自由そのものが人権なのでしょうか。

そこが難しいところです。今日の世界では、観光などの短期間の滞在については、ヴィザなどの制度が設けられていますが、ヴィザを簡単に得られるかどうかは、国籍などによって決まります。つまり、そこにすでに差別があるわけですが。短期間のヴィザで入国しながら定住を試みるような人が多いと見なされている国の人びと、つまり、相対的に貧しい国の人びとに対しては、出入国管理が厳しくなっています。観光に比べれば、労働のために正規に滞在しようとする人びとのヴィザ取得ははるかに困難になります。

長期的な滞在を前提とする移動については、事態はまったく異なってきます。正規の移民ルートというものももちろんありますが、ここで注目したいのは、それ以外の人びと、つまり何らかの理由で「招かれざる客」として国境線を越えようとする人びとです。そこでは、越境を決意するに至った理由や背景によって、非常に異なる扱いがなされます。故国で宗教的理由や政治的理由などで迫害を受けるおそれがあるとされる、いわゆる政治難民については、その移動が、人権の問題として広く認められています。ところが、これに対して、故国では貧しくて生活できないなどの理由で、国境線を越えて移動しようとする経済難民に対しては、一般的に冷たい反応しかありません。受け容れられないばかりか、犯罪者扱いされることになります。この落差が非常に気になります。

政治難民も経済難民も、困っていることに変わりはないでしょう。しかも、国境を越えた移動を彼ら自身が求めている点でも同じです。移動したからといって、問題が解決する保証はありませんが、それでも、国境線によって移動を妨げなければ、少なくとも可能性は開けるわけです(4)。

――宗教的理由や政治的理由は深刻に受け止められるのに、経済的理由は否定されるのはなぜなのでしょうか。

このことは、先ほど見たような人権の二類型、消極的な意味での人権と積極的な意味での人権との区別と正確に対応しているように思えます。政治的な自由や宗教的な自由というのは、国家による不当な抑圧がないような状態を、国家がつくり出すことを求めるものです。それが、単に国家がなければいいという意味ではないことについては、すでに述べました。司法の役割ひとつとってみても明らかです。しかし、それにしても、こうした人権を保障する上で、対象となる人数の多少の増加が、直ちに国家財政の負担をもたらすわけではありません。

これに対して、積極的な意味での人権、すなわち生活の権利については、事情は非常に異なります。福祉国家においては、人数の増加は非常に大きな負担になる。ここから、ヒトの出入りを監視する視点が強まることになるわけです。医療保険や福祉制度、それに年金制度といったものは、依然として一国的なものとなっています。それぞれの国家が、国民経済の内部で負担と給付の帳尻が合うかどうかを気にかけるとしても、不当とはいいきれない面がある。経済的な動機で国境を越える移民という存在は、国民経済の安定性を脅かし、経済的単位としての国家をゆるがすものと受け取られているようです。

――しかし、移民の受け容れが、経済的にみて必ず損失になるとはいえないのでは。

その通りです。人口バランスが急速に崩れ、近い将来に労働力不足が見込まれているところでは、とりわけ、ヒトの移動によって利益を受ける可能性があります。にもかかわらず否定的な議論が出てくるのは、もちろん、ナショナリズムの問題が大きいと思います。

結局のところ、移動の自由が人権として認められているのかという問いに対しては、移動そのものが人権として認められているわけではなく、迫害を受けない権利に付随して、例外的に認められているとしかいえないでしょう。経済難民への扱いを見れば、ヒトの移動というものは、今日の世界では人権として受け取られていないことは明らかです。政治難民などについて、人権問題として受け入れる考え方が一般的です。しかし、それは迫害を逃れてきた人を追い返せば、いわば迫害を追認したり助長したりすることになってしまうのでまずい、ということにすぎない。そこで注目されているのは、迫害からの自由という人権に他なりません。

もしも移動そのものが人権なら、経済難民だって追い返せないはずですし、そもそも入国管理などすべきでないということになります。現在のところ、国境を越えた移動は基本的には国家による恩恵であり裁量事項であって、国家以前に存在する、人間の生まれながらの権利であるとは見なされていません。

――それについてどうお考えですか。

むずかしい問題ですね。国家の内側の論理からすれば、境界線を越えたヒトの移動というものを無原則に認めることは難しい。現在の世界は、そうした国家の論理に沿って動いている。しかし、その一方で、今さらいうまでもないことながら、カネやモノについては、国境線など存在しないかのように、自由自在に動き回っています。そうした移動を制限しようとすることは、国際的にきわめて強い非難を浴びています。

ヒトの移動についてだけは、全然扱いが違う。これに対して、なぜカネやモノは動いてよくて、ヒトは動いてはいけないのか、と主張することはできると思います。カネやモノの移動が、富めるものをますます富ませ、貧しきものをますます貧しくする結果をもたらしていると見るならば、ますますそういえます。もっとも、そうしたいわゆる経済のグローバル化の効果については、それが新たな経済的なチャンスをもたらしている面もあるので、いちがいに否定的にばかりもいえないとは思いますが。

それにしても、カネやモノとヒトとで、境界線による規制の仕方を変えるのは合理的なのか。実は、市場原理を強く信じる人びとの方が、本来はヒトの流れについても肯定的にとらえなければおかしいといえます。カネやモノと同様に、ヒトもまた、それがもっとも活用される場所に移動することが、全体としての経済を最適化することになるはずなので。

ヒトが移動する自由を権利として確立しようとする側にとっては、ここの矛盾を衝くという戦略がありうるでしょう(5)。つまり、経済のグローバル化そのものは前提とした上で、ヒトの移動についてもグローバル化こそが、本来の人権としての移動を実現するものなのだと。しかし、私にはそういいきる自信もない。

――それはどうしてですか。

カネやモノの移動によっても、人びとの生活が左右され、ひいては人権状況が変化することは事実です。それまでそれなりに自律的に発展してきた地域が、外国からの資金の流入、それに伴う企業の出入りなどによって、地域経済をずたずたにされてしまうといった事例は多くある。ただ、そうしたものに比べて、ヒトの移動については、それが当事者の人権状況を直接に変化させるおそれがあるので、いっそう慎重であるほかありません。

移動し続ける人間について、彼らの言論の自由や人身の自由など、人権が守られる手立てが必ずしも確保されていない中で、ただ移動だけを自由化したところで、それが本当に人びとの権利を全体として強めることになるかどうか、確信がもてない。実際に、移動先で一種の「二級市民」として扱われ、さまざまな苦難に遭遇することは珍しくありません。

個人の移動に制約がなくなるとしても、ただその制約がないというだけでは、移動する権利以外の権利が保障されるとは限りません。それらもまた保障されるような制度を、従来の国家とは独立に考えることができるかが鍵となります。

結局、人権としての移動の自由が保障されるには、人権のグローバル化、つまり世界中どこでも人権が保障されるような状態が必要になる。しかし、世界中のどこでも人権が保障されるような状態が本当に実現したら、移動する理由の多くは雲散霧消してしまうかもしれない。ここに一種のパラドックスがあるといえるかもしれません。

5　人権侵害の隠ぺい？

次に考えておきたいのは、国境線というものが一種の障壁となって、国内における人権侵害に外部から手をつけられなくしているのではないか、という問題です。

先ほどから移民や経済難民といったものについて考えていますが、こうした人びとが現れるのは、抑圧的な国家や破綻した国家が少なくないからです。特定の宗教集団や政治勢力などが抑圧を受けることを防げない、あるいは自ら進んでそうした抑圧を行っているような国家は、人権を守る主体としての役割を放棄しているといえます。また、多数の人びとが国境を越えて働きに出なければならないような国家では、国民経済は人びとの生活の基盤とはなっていません。

移動を自由化すれば、こうした国家から流出する人びとがいるはずですし、現に流出しつつあります。しかし、事実上の破綻状態にありながら、境界線によって人びとを囲い込んで、強引に内部に留め置いている国家もまた多くある。国民が大量に流出してしまえば、その国家はもはや国家としての体をなさないことになるので、国家はそうした行動をとるのでしょう。こうした事態を前に、私たちはどう考えるべきでしょうか。

言論の自由、宗教の自由など、人権として確立した多くのものが、そこで犠牲にされていることは明らかです。しかし、これまでのところ、そうした国家に対して私たちができることは、基本的には「国際的非難」を加えることだけでした。いくら人権抑圧があっても、国境の中で行われていることに対して、国境の外から手をつけるべきではない、とされてきた。私たちは、いわば、手を拱いてきた。もちろん、さまざまな市民運動、非国家的な団体が果たしてきた役割は十分に評価されるべきでしょう。しかし、明らかな人権抑圧が行われている国家がこの地球上に、それどころか私たちのすぐ近くにもありながら、それをどうすることもできないもどかしさが残ります。

――どうすればいいのでしょう。

まず考えられるのは、国内で人権保障の役割を果たしている、たとえば司法にあたるものをできるだけ国際化して行くことでしょう。すでにこうした方向で、国際刑事裁判所などができています。きわめて重大な人権侵害などを行った人物、とりわけ政治指導者などについては、国内法できちんとした処罰がなされることがほとんど期待できないため、国際的な法廷で裁判にかけるというものです。国家というものが、法の管轄権の範囲を決めるということを先ほど述べましたが、そうした法の一国的な性格、つまり一つの国の内部の問題だという点を、ある程度相対化する方向といえるでしょう。人権のグローバル化の一つの方向だと思います。

もっとも、こうした国際的な司法に対しても、実際にはさまざまなかたちで不信感や不満が向けられることになります。重大な人権侵害とされる行為は、民族紛争などを背景として行われることが多く、そうした紛争当事者には、それぞれの言い分があるからです。国際世論というものが、いつも公平であるとも限りません。紛争の一方当事者を、紛争や内戦の主たる原因をつくったものと見なして、そちらだけを裁くといったことになりがちで、その場合、不満がたまることになります。

それでも司法については、一定の水準を確保することができると思いますが、国際的に「警察」的な行動を行おうとすれば、非常に深刻な問題が生じてきます。外部の勢力が介入してくることに対しては、激しい抵抗が予想され、したがって介入する側も、警察力というよりは軍事力を行使しなければならなくなる場合が多いからです。いわゆる「人道的介入」に伴う問題です。

国際世論といったものの不安定性が、ここでは司法の場合以上に深刻なかたちであらわれます。これまでに、「人道的介入」ないしそれに近い名目で行われた軍事行動は、いずれもその根拠にあいまいさが伴うものでした。なぜ、ある特定の事例だけが取り上げられるのか。同じような事例であっても、たとえば超大国がからんでいる場合には問題にされないのではないか、といった公平性をめぐる問題です。これは、介入が人道的な動機によるものかどうかについて、疑いを抱かせるものです。人権の普遍性を盾に、国境線を越えてもいいとすることは、実は超大国などの力を強めることにしかならないのではないか。つまり、普遍性を名目に特殊的な利益を追求する結果に終わるのではないか、といった疑いです。

それに加えて、そもそも軍事的な介入が、人権問題の解決につながるのかという論点もあるでしょう。暴力にうったえても、かえって暴力の拡大を招くだけで、無意味であるといった議論です。犯罪から私たちを守る上で、警察の暴力が一定の役割を果たしていることは否定できないとしても、警察がそれ自体、一種の無法者集団となって、犯罪を生み出しているような国もあり、警察と名がついていればすべて有意義だということにもならない。軍事的な行動を伴う人道的介入などについては、同じことがもっと強くいわれるべきでしょう。それ自体がより多くの人権侵害をもたらすようなことがあれば、何の意味もないということを。

――結局のところ、国境を越えた介入をすべきだということなのですか。それとも、すべきではないということなのですか。

簡単にはいえないというのが私の立場です。

――無責任ではないですか。

宙づりになって悩み続けるしかないと思っています。すぐに手を出すのが、無責任な冒険主義であることはいうまでもありません。しかし、逆に、リスクがあるから何もすまいと決め込むことも、責任ある態度とはいえません。こうした問題については、何もしないことの方がむしろ容易だという側面があります。境界線の向こうの出来事だから手が出せないなど、いいわけはいくらでも見つかるからです。

私が、悩み続けることといっているのは、悩んで何もしないということでは必ずしもない。私たちは何かをしなければならないこともある。国境線の向こうの出来事について、どうしても座視できないような事態になれば、一線を越えるということがあるかもしれません。その場合に、そこで思考停止するのではなく、自らの行動を含めて反省し続けるべきだといっているのです。

――「正しい戦争」はあると考えるのですか、そうは考えないのですか。

戦争は非常に大きな犠牲を伴うものですから、どんな場合でもそれを「正しい」と呼ぶべきではないというのが私の立場です。(6)「必要悪」という言葉がありますが、これは「必要かもしれないが、悪だ」

ということです。本当に人権を守るための戦争であっても、そこでは、かえって損なわれる人権もまたあることを忘れてはならない。したがって、どんな戦争でも、それを「正しい」と呼ぶことには抵抗がある。ただし、繰り返しますが、だから何もしないということではありません。何かをすることはあります。しかし、それを「正しい」と呼ぶことには絶対に反対です。あくまで、残念なこととして、恥ずべきこととして行われるべきです。人は自らが正しいと信じた時に、もっとも不寛容になり、残酷になるものですから。

――最後に、改めて国境と人権との関係について。

これまでに見てきたように、人権と国境線との関係は、さまざまな両義性によって特徴づけることができます。国境によって人びとを囲い込む国家は、人権を侵害する面とそれを守る面がある。生活を守る側面もあるが、その裏では、移動の自由を奪い、人びとを境界線の中に閉じ込めようとしたり、それを越えるのを阻んだりする。そして、人権を守るその同じ国境線が、人権侵害を覆い隠す役割を果たしている、といった点です。国境を越えて人権を救済しようとすることに伴う危険性についても指摘しました。普遍的なものとしての人権を実現して行くにあたっては、こうした両義性を意識し続けることが必要だと思っています。

（この「インタビュー」は著者本人によって構成されたものである）

注

（1）境界線の政治的意味につき、杉田敦（二〇〇五）『境界線の政治学』岩波書店。

（2）古典的な例としてプルードンの議論がある〔河野健二編（二〇〇九）『プルードン・セレクション』平凡社〕。

（3）代表的な議論として、デイヴィッド・ミラー（二〇〇七）『ナショナリティについて』富沢克・長谷川一年・施光恒・竹島博之訳、風行社。

（4）移動の権利について論じた近年の仕事として、セイラ・ベンハビブ（二〇〇六）『他者の権利――外国人・居留民・市民』向山恭一訳、法政大学出版局。難民に関する理論的考察として、市野川容孝（二〇〇七）『思考のフロンティア　難民』岩波書店。

（5）グローバル化の時代において、移民労働者を中心とする「マルチチュード」の移動に期待するものとして、アントニオ・ネグリ／マイケル・ハート（二〇〇五）『マルチチュード（上）（下）』水嶋一憲・市田良彦監修、幾島幸子訳、日本放送出版協会。

（6）現代において、改めて「正しい戦争」を定義しようとする試みとして、マイケル・ウォルツァー（二〇〇八）『正しい戦争と不正な戦争』萩原能久監訳、風行社。

7 「3・11」以後のデモクラシー

（二〇一二年三月）

はじめに

二〇一一年三月一一日の地震、津波、それに伴う原発事故発生以来、今日でも、これをどう受け止めればよいのか、私自身、非常に悩んでいます。この間いくつかそれにかんする文章を書く機会もあったのですが、私自身が揺れており、考えがまとまったということではありません。

ただ、私なりに感じているのは、「3・11」は、そこで突然何かがはじまったとか、何かが変わったと捉えるべきではなく、むしろすでに存在していたもの、すでにあった危機が表面化した、あるいは危機がさらに深まったのではないかということです。

1 「9・11」と「3・11」

原発問題についても、あるいは東北地方のさまざまな問題についても、いかに自分がきちんとした認識をもっていなかったか、結局他人事だと考えていたかを痛感しています。それなりに原発関係の本も読んでいましたが、あくまでも一つのトピックとして取りあげていたに過ぎなかったのです。

「3・11」が何かを変えたというよりも、何かを表に出した。それまで隠れていたものを出したのだという私の考えは、実は今から一〇年前の「9・11」の後に私が考えたこととつながっています。「9・11」の翌年に出版された藤原帰一編の岩波新書『テロ後：世界はどう変わったか』(岩波新書)に私も書かせてもらったのですが、そこで私が「9・11」をどう捉えたかをまず申し上げたい。そして、それが「3・11」に私の中でどうつながるかについて申し上げたい。

安全/危険の境界線の移動

「9・11」では、マンハッタンの高層ビルが攻撃によって崩れ落ちた。これでアメリカはパニックになりましたし、日本やヨーロッパといった先進国も驚いたわけです。これまで経験したことのない事態であるというコメントがたくさん出ました。

しかしながら、少し距離を置いて考えてみると、このような破壊が地球上でそれまでなかったわけではない。むしろ頻繁に起きていた。特に中東地域においては長い間戦争やそれに近いかたちの武力衝突が日常的に続いていた。中東や北アフリカ地域では日常であるものが、マンハッタンまで押し寄せてきたと捉えることもできるわけです。

地球上のある場所ではしょっちゅう爆弾が落ちたり、ミサイルが飛んだりして人がたくさん死んでいた。しかしそれは遠いところの出来事で、自分たちの世界とは関係がないと欧米や日本も考えていたわけです。それが突然自分の問題になった。自分たちがテロの犠牲者になる。テロの犠牲者といえばいままではパレスティナ人あるいはイスラエル人だった。あるいはソマリア人だった。そうではなくアメリカ人が被害者になったことで急に驚いたという見方もできる。

それまでは私たちは、危険は境界線の向こう側にあると考えてきた。向こう側にはさまざまな矛盾があり、紛争が生じている。しかしこちら側の私たちは安全であり、そこに深刻な問題はないのだと、ある種の切り分けが信じられていた。しかしその境界線が一瞬にして移動する。安全と危険の間の線が移動してきて、アメリカの東海岸にまで到達したことによって、パニックが引き起こされた。

私が俯瞰的にものを見過ぎているのかもしれませんが、おそらく中東地域の人びとは「9・11」を見たときにこう思ったに違いありません。あれは私たちなのだ、と。

爆撃をする側・される側

しばらく前のことです。テレビでアフガン戦争の爆撃の模様を見ていたときに、私の親族の高齢の女性が、「私たちもこうだったのよ」と急にいったのです。特にその人は政治的な人ではありませんが、戦争中のこと、爆撃の下で逃げまどったことを思い出した。このように爆撃で逃げまどっているのは自分なのだということを突然いわれて、私は非常に衝撃を受けました。

つまり、私はそれまでどちらかというと爆撃する側の視点で見ていた。アフガン戦争についてもそのように見ていた。アフガン戦争に反対する立場であっても、自分たちが爆撃されるという視点でものを見ていたわけではなかったことに気づかされました。

「9・11」のあと何が起こったか。皆さんご承知の通り、先進国はセキュリティ対策を強化し、いわば日常性を喪失していったわけです。あるいは日常性のなかにリスク、セキュリティへの恐れがしみこんでくる状態になった。

ということは、いわばこれは戦争状態が続いているということです。先日のアメリカにおける一〇周年記念行事のときにも厳戒態勢でした。戦争状態なわけです。

ひとつの捉え方としては、ある意味でテロリストの意図が貫徹されてしまった。テロリストというのは相手を怖がらせることを目的にしているわけですから、相手が怖がればそれでテロリズムとしては成功なのです。

「9・11」はもちろん特異な事件でした。それまでアメリカが中心となって中東地域等でいろいろな対立構造を創り出し、向こう側にリスクを追い払い、自分たちの側にはリスクはないという一種の区分を維持してきた。しかし境界線が少しずれることによって、実は以前からアメリカと中東の一部の人びとの間にあった憎悪の構造に気づかされた。それが「9・11」だったということです。

原発事故による難民化

「9・11」と「3・11」を比喩的に比較すること自体がけしからんというご意見はあると思う。もちろん相違点は多々あります。「3・11」は基本的には自然災害であり、この自然災害を契機に起きた原発事故も、自然災害のもたらした想定不能な事故であり、人間の責任はまったくないとする方さえあるかもしれません。

ここで次のことを指摘しておきたいと思います。それは二〇一一年の三月一八日にロシアのメドベージェフ大統領が、もし北日本の日本人が住むところがないならばシベリアに移住することを許可すると声明を出した。これは外電で伝えられました。大混乱のなかであまり注目されなかったニュースです。周囲の人びとに覚えているか聞いたところ、ほとんど誰も覚えていませんでした。

いまでも検索をすれば出ています。三月一八日に間違いなくメドベージェフ大統領は日本人がシベリアに移住することを許可すると声明を出した。私にはショックでした。それは日本人が難民になりうるということだったからです。少なくともロシアから見たとき、北日本のかなりの部分が危機であった。三月一八日はまだ事故がきわめて深刻化しつつある途中で、ロシアはある程度情報をもっていたと思いますが、どこまでいくか分からないというなかで、もしかすると日本のなかに住めない土地が相当できてしまう。住むところのない人びとが生じるという予測をした。

これは人道上の理由からの発言と一応受け止めておくべきなのでしょうが、ロシアが嫌いな方々なら昔のシベリア抑留と重ね合わせ、弱みにつけ込み日本人の労働力をまた搾取しようとしたという見方もできるかもしれません。

いずれにしても、日本人が外国に移住するという可能性を外部で考えた。ところが日本ではほとんど考えられなかったと思う。それは難民問題は外国の可哀そうな人びとの物語――まさにパレスティナ難民といったかたちで外国で起こっている問題――だと私たちは考えてきたからです。自分たちが難民を受け入れるかどうかが問題なのであって、自分が難民となることはないと思ってきた。

「3・11」により、そういう境界線が非常に脆いものだということが分かった。今回、外国に移住した人はそれほどいないと思いますが、それはたまたま原子炉の壁が完全には壊れなかっただけで、原子炉が完全に破壊されていれば、そういうことが起こりえたかもしれない。あくまでも物理的・偶発的な事情に左右されていたのです。

もっとも移住がまったくなかったのかといえば、そうではないことを皆さんご承知の通りです。国内では、東京やあるいはもっと西へ移住した方がたくさんいらっしゃる。こういう避難民もある種の考え方からすれば難民です。ある土地に住みたくても住めない、あるいは住むことが非常に不安になって移住することは、パレスティナ難民と同じです。

そういう観点からすると、この日本に難民問題が出現した。この一事をとっても、「9・11」と同じように「3・11」は、これまで当然としてきたものの見方を変えるきっかけとならざるを得ないのではないかと思っています。

アテンションの政治

地震・津波による日本の状況に同情が集まり、世界各地でいろいろな会合や話し合いが行われていたようです。その中の一つで、政治哲学者のサンデル教授が出席した会合で、「スマトラ沖地震で発生した津波では、もっと多くの人が死んだではないか」というアメリカにいる留学生の発言が紹介されていました。

当時、東日本震災では、二〜三万の方が亡くなったと考えられていた。一方、スマトラ沖地震はそれ以上で、死者約二二万人という大惨事だった。なぜスマトラの時にはそんなに騒がず、日本人が死ぬと騒ぐのか。このような、私たちにとっては辛い問いかけです。

しかし、これは重要な問いかけで、実は日本の世界における文化的あるいは経済的――政治的には分かりませんが――プレゼンスが、日本の災害に注目させているのだということです。ということは逆に、人びとの目が向かない地域――同じような被害が起こってもそれほど注目されない地域が存在する。

私たちの注意がある問題に向くかどうかは非常に重要で、政治学の文脈では「アテンションの政治」

といわれるものです。

振り返ってみれば、スマトラで津波が起こったときに、日本でこの問題を深刻に受け止めた人はそれほど多くなかった。私自身も知ってはいたが、やはり遠いところの他人事だったのです。あれだけの大津波が日本の太平洋沿岸、東北沿岸で起きたらどうなるだろうかと、結びつけて考えることができなかった。結びつけられれば、もっと地震・津波対策ができたのかもしれないと、残念ながら今となって後知恵としては思うわけです。

さらに、二五年前にチェルノブイリにおいて、天災ならぬ人災として原発事故が起こったのに、私たちはみな、ロシアの技術水準が低いからで、日本は関係ないと、視野の外に追いやったのです。きわめて残念なことですが。

2 福島・沖縄・東京

「アテンションの政治」との関連で、私が非常に気になっているのは、福島と東京の関係ということです。

「3・11」まで、私は福島の原発からこんなにたくさんの電力が東京に供給されていることを知りませんでした。ほとんどの方も知らなかったと思います。どこで電気がつくられているか知らないで電気を使ってきたわけです。

つまり、私たちにとって原発の現場は視野の外にあった。他方で、原発が立地している現地では、日々原発とともに暮らしてきたわけです。毎日原発を見ながら幾分かは不安をもつ。しかし電力会社は大丈夫だというし役所も大丈夫だというし、専門家もほとんど大丈夫だという。そのように自分を納得させて、煙突から何か煙が出ているのだけれど本当に大丈夫なのかなと思いながら生活している。しかもかなりの場合、現地で原発関連の事業に雇用されている人が身近にいる。そういう状況ですから、他人事ではない。原発と共に暮らすことになっていた。

これも「3・11」をきっかけに、私たちは福島の原発をいつも頭の片隅に置きながら生活することになったわけです。また、三月一二日から二〇日ごろまでは、私自身の印象としては、自分のすぐ横に原発があるようで、それがいままさに崩れるのかと、緊張していた。

かつて私は、思想史専攻の市村弘正さんと対談し、『社会の喪失』（中公新書）という本を出しました。七〇年代から八〇年代につくられた、いわゆる社会派といわれる一連のドキュメンタリー映画――たとえば国鉄民営化の際に清算事業団に送られた人びとの記録、あるいは自然農法をめぐる失敗の物語など――につき、市村さんは単なる映画評としてではなく、そこから問題を摘出するような一連の文書を書いていた。『社会の喪失』という本は、それらの問題のその後を、二人で考えてみるという企画だったのです。

取り上げられたドキュメンタリー映画では、原発の現地の人びと、特にそこで労働者として働くような人びとの心境に寄り添うような描写があった。その中で、原発の問題をめぐって、まさに現地の人びとから、「東京の人間」という言葉が出てくる。「東京の人間」は、何も関心をもたないとされる。「東京の人間」には東京電力の本社も入っているでしょうし、通産省も入っているかもしれませんが、それ以上に、私たち東京にいる人間全体が名指しされている。「東京の人間」は、まったく自分たち現地の人びとのことを見ていない。そういう表現が映画に出てきていた。

私は市村さんとの対談で、「原発が東京から遠いというのは誤解なのだ。実は近い」という趣旨のことをいったわけです。この映画では柏崎が問題になっていましたが、柏崎も福島も東京から三〇〇キロ程度です。三〇〇キロというのは放射性物質がやすやすと飛んでくる距離です。だからもし事故があれば東京も大変であり、チェルノブイリを考えても、関係ないと思っているのは「虚偽意識」に過ぎない、要するに自分をだましている意識にすぎないといったわけです。原発は「東京の郊外」にあると考えなければならないといいました。実際、カリフォルニアの距離感であれば三〇〇キロは優に郊外です。

これに対して市村さんは反発しました。私のしている話は、人間の暮らしの尺度とは合わないのだというこことをいったのです。人間は、そういう危機をつねに意識して暮らしていくことはできないのであって、必ず日常性を保とうとする。それがなければ人は生きていくことはできないのだと強調されたわけです。

こうしたことを、三月一二日頃に思い出していました。いったいこの対話を今日どう受け止めるべきか。私なりに整理すると、一面では私のいっていることは正しかった。原発は「東京の郊外」にあることが判明したのです。ただ、同時に、市村さんのいっていることも正しかった。そうはいっても今回酷い汚染をされた地区と東京とは異なる。一瞬自分の問題として考えたが、東京では、あるいは関西はもっとそうかもしれませんが、どんどん他人事として——福島固有の問題として、いわば小さく考えようとしてきている。一瞬自分の問題になったのですが、ずっとそれを抱えていたくないから、あれは遠い所の問題なのだと、自分から引き離していく。

すごい勢いで日常性へ復帰をしようとしている私たちが見えてくるわけです。

現在も原発事故は終熄していません。ですから忘れようと思っても忘れきれないのです。しかしそれでもかなりの程度までアテンションをはずして、向こう側の問題だとしてすませようとしている私たちがいます。

福島と沖縄

一部の地域に巨大なリスクを負担させるやり方は、何も原発だけではなかった。これは戦後政治全体のなかで形成されてきた問題でもある。沖縄問題です。

福島と沖縄の比較は避けられません。両者をくっつけて論ずることに対する批判をおもちの方がいらっしゃるかもしれませんが、ここでは一応、どういう見方ができるかという例として出しておきます。

産業の立地の難しい地域、あるいは人口密度が低い地域に、交付金等いろいろなかたちの見返りを見せながら、リスクを負担させてきたのです。

このように沖縄問題と同質の問題であるにもかかわらず、原発問題を、民主党も政権交代選挙のマニフェストで取り上げなかった。道路やダムの問題は提起したのですが、究極の公共事業といえる原発問題を結びつけて考えられなかったのは、私たちを含めて想像力の限界だったということでしょう。

抵抗としての住民投票

九〇年代以降の一連の住民投票で問題になっていたのは、原発と米軍基地、そして廃棄物処理場でした。新潟県巻町（当時）、岐阜県御嵩町、そして沖縄県等で実施された住民投票で問われたのは、結局のところ、「東京の人間」に対する異議申立だったのです。つまり、私たちに対する問いかけであった。沖縄県では、住民投票が実施された当時、もちろん基地を置いているアメリカに対して怒っているけれど、同時にそれを放置している日本本土、内地に対する疑問があるのだということが盛んにいわれていました。

その意味からすると、鳩山元首相が沖縄の基地問題についてこれまでとは違うやり方を大胆に——新聞論調では「唐突に」——提起したこと自体は、私は非常に評価しているわけです。もちろん手法等に大きな問題がありました。

ただ、一般的には官僚の抵抗、外務省の抵抗とサボタージュによって頓挫したと考えられていますが、それ以上に重要なこととして、沖縄以外の日本の有権者の無関心——まさに「他人事」という感覚が結局は左右したのだと思います。

人びとが、沖縄はかわいそうだ、あんな狭いところに米軍基地が集められていておかしいという感覚をもたない。ほとんど関心がない。だからこそ政治家も官僚も動かないのだと思います。

「現実主義」の陥穽

そこで思い出されるのが、丸山真男という政治学者の「『現実主義』の陥穽」（一九五二年）という非常に有名な論文です。

丸山真男は、日本では「現実的」というのが非常に狭い意味でいわれると指摘します。まず、既成事実でなければ「現実的」ではない。だから、新しいものはすべて「非現実的」といわれてしまう。これが第一点。

第二点として、現実が複雑だということを認めない。現実が非常に単純化して捉えられる。一次元的という言い方もされます。たとえば現実的な電力源は原発しかない。それ以外はすべて非現実的。あるいは現実はアメリカのいう通りにするしかない。他は全部非現実的。そういうふうに単純化した見方をする。

第三に、時の権力に引きずられる。いわゆる事大主義。丸山はそういうようにまとめていたわけです。

こうした傾向に対して丸山は、現実というのは、もっと多元的かつ可変的、変えられるものであって変化しているものである。さまざまな可能性の中のどこを伸ばして行くかということが問われるといったわけです。

鳩山さんの問題提起自体がいろいろな意味で詰めが甘かったのは事実だと思う。ただすでに決まっている案——自民党とアメリカとの間で決めた案をまったく修正できないというのは、「現実主義」について日本で流布しているきわめて硬直的な見方と関係があるのではないかと思います。

実際、アメリカ側の当局者の反応を見ていると多元的です。アメリカは軍の中でも意見は一つではない。それから外交筋と軍のいっていることはまた違うでしょう。そして彼らは、決めたから全部やれということではなくて、不可能ならば変えますよということは終始いっている。もちろん日米の力関係や日米安保の非対称性があるので難しいことは分かりますが、最初からある方向しかないと考える必要はない。

そういう意味で鳩山さんが日本社会のある種の壁にぶち当たったという感じをもっています。

変わるためのチャンス

同じような文脈で、菅直人さんの脱原発は、思いつき、唐突といわれ、まさに非現実的とメディア等では取りあげられてきたわけです。

しかしメディアの中も割れています。朝日新聞にいたっては、社会面と経済面ではまったく違う意見をいっていますから、そういう意味では多元的かもしれない。

そこに一種のせめぎ合いがあるわけで、何か決まっているわけではない。その意味でも私たちは現実について選択中であるのです。

菅さんはこれまで原発のことをいっていなかったのに「3・11」以後急にいい始めたのはおかしいとか、そういうのが割と日本では通用する議論になっています。ずっと反原発といっていた人でなければいう権利はないという論理です。

しかしあれだけの大事件で考えが変わることが、人間にとってそんなに不思議なことでしょうか。ドイツのメルケル首相は、福島の事故がすべてを変えたといっている。もちろんドイツの政党政治の文脈もあるとは思うのですが、日本から遠いドイツでも考えを変えるだけのインパクトをもった事件であり、日本の東京で、次に何が起こるか分からない中で三か月を過ごした人間の考えが変わったとしても、そんなに不思議なこととは思いません。このように、ある規定方針を変えたらとんでもないことになってしまうのではないかという感覚が強く日本の社会にはあるということがわかります。

3 「他人事」とポピュリズム

以上、「9・11」と「3・11」あるいは福島と沖縄とを結びつけながら考えてきたのですが、こういう一連の事件の中で見て取れることは、人間の性として、自分の身に降りかかってくるまではなかなか問題の所在に気がつかないということです。自分がどういう影響を他者に及ぼしているかにも考えが及ばない。しかも「それで何が悪い」と往々にして開き直る。そういう、私たち自身の態度、生き方の問題があります。

別の言い方をすると、境界線を自分の周りに巡らせて、その向こう側に問題を追いやる。あるいは問題をその向こう側の見えないところに追いやっている。こういう傾向がもともとあるのですが、それがいま問題になっていると思う。

排除に傾くポピュリズム

このことは、最近の日本をはじめとする先進国のポピュリズム的な傾向ともけっして無関係ではないと考えます。

ポピュリズムというのは定義が難しい。政治学でもこれがポピュリズムだという定義はなかなかできません。アメリカには一九世紀にポピュリスト・パーティ（人民党）があったし、ポピュリズムの伝統が強くある。一方でラテンアメリカにもポピュリスモといわれるものがあるが、両者は性格が異なる。

アメリカの場合は、草の根の、「自分たちがやる」という志向が強く、あらゆる権威を嫌うという傾向がある。ティー・パーティーもその流れを汲んでいます。最終的には何らかの独裁者を呼び出してしまうことがあるかもしれませんが、まずは自分たちがやるのだ、命令されたくないという傾向をもっている。

ですから、アメリカのポピュリズムはある意味でアメリカの草の根のデモクラシーを支えているものなので、否定しきれるものではない。ただ、時に暴走して排他的となり自分たちのように自立できない者は全部敵だというかたちで、マイノリティ批判に向かうわけです。

それに対してラテンアメリカ系統のポピュリスモは、カリスマ性のあるリーダーみたいなものを見つけてきて、そのリーダーに頼る。自分でやるよりも自分たちに恩恵を与えてくれるリーダーを見つけたいということで、アメリカのポピュリズムとは若干異なります。

このようにポピュリズムというのは捉えどころがありませんが、私自身は、問題を他人に全部かぶせる点がポピュリズムの特徴だと考えています。

すなわち、「彼ら」の問題なのだと。「われわれ」と「彼ら」という二分法をもち出し、私たちはすごく正しくてまじめで「良い」人たちなのだ。彼らが「悪い」。彼らが全部の問題を引き起こしている。だから彼らを排除すれば、正しいわれわれが残るから全部うまくいく。これが私の考えるポピュリズム的発想です。

実は民主主義的な要求のなかには、つねにそういう側面が含まれている。自らが正しいと思わなければデモクラシーはできない、「間違っているかも」とあまり自信がないと政治参加もできない。政治参加が盛んになるというのは、自分たちは絶対に正しいはずだという確信があるからで、ですからこのようなことは完全には排除できないのです。しかしこれが行き過ぎると全部「彼ら」が悪いということになる。しかも悪いとされる対象はいろいろ変化する。これがポピュリズムだと私は思います。

ヨーロッパで焦点となっているのは移民です。外国人、これが全部「悪い」。外国人がいるから治安が「悪い」、経済が「悪い」、雇用が「悪い」。全部外国人。だから外国人を排除する。二〇一一年七月二六日、ノルウェーで起きたような事件（七六人の犠牲者が出た爆弾テロと銃殺事件）の背景にあるのも、移民問題です。

外国人による犯罪も特に強調されます。犯罪者が「悪い」。犯罪者を全部厳罰に処せば世の中がすべて「良く」なると。

公務員バッシング

日本の場合は、在日外国人に対する過激な反対運動を行っている団体もありますが、それとともに、公務員が敵視される傾向がある。確かに公務員にいろいろな意味で問題がなかったかといえば必ずしもそうはいい切れないかもしれない。綱紀粛正が必要な点とか、人員配置は適切なのかとか、いろいろな問題があるかもしれません。

公務員の中には議員も入っています。最初は公務員叩きだったのですが、だんだん議員も税金から報酬をもらっている以上は同じように叩くということになって、そして税金をもらった人間を減らせばうまくいくという話になっていく。

しかし本当にそうなのか。多くの地域が抱えている問題は、公務員を減らせば自然に正しい秩序がもち上がってくるようなことではないでしょう。結局産業が見つからないかぎりは根本的な解決はないわけで、公的セクターを小さくすれば自動的に民間に突然産業が興ってくるというのはまさに幻想でしかない。

公務員が多すぎるという話も、今回の危機の中で相対化されなければならないところがあると思います。地域のことを知っていて危機対応ができる――さらにはその後の復旧・復興に対応するためには、公務員が必要なのだということが明らかになったと思います。

この点に関して付言すれば、従来の市民社会論というもののなかにも問題があったと思う。市民社会論は阪神大震災時から盛んに論じられるようになった。あのときは公務員が機能する前にヴォランティアが被災地に行ったのだということが強調され、むしろ公務員は役に立たなかったという印象が語られた。公的なセクターよりも市民社会的なセクター、つまりヴォランティアやアソシエーション的なもので危機対応も全部できるという話が出てきた。しかし阪神大震災の場合には、被災地域が今回の東日本大震災のような広域ではなく、比較的近くの大阪まで交通機関が確保され、今回とは状況が異なっていました。もちろん非常に多くの人がヴォランティアとして被災地を訪れ、市民社会的な連帯が進められたことは重要なのですが、今回の東日本大震災の例をみれば、公務員の必要性は明らかなのです。この一〇年、二〇年、市民社会論によって公的なセクターはもう要らないのだということが強調されすぎて、では市民社会が栄えたのかといえば、公的セクター縮小の間隙に市場が介入してきた。

これらが現在の政治的な底流になっている。あらためて政府の役割を一定程度再評価する必要があると思っています。

現在と未来

ポピュリズムとの関連でもう一つ考えなければならないのは世代間問題です。これはデモクラシーをめぐるジレンマの一つなのですが、デモクラシーにおいて誰が決めるのかといえば、いまここにいる、現在生存している私たちです。そういう意味からすると、私たちが良い暮らしができるようにお金を全部使ってしまおうというのは、ある意味きわめて民主的な決定なわけです。しかしそれでは将来の人びとは困ります。しかし将来の人びとは選挙権もなければ発言権もないし、市民権がない。そもそも生存していないわけです。

そうすると、現在のデモクラシーのなかで、どのように将来の世代を代表させるのか、という非常に難しい問題が発生してきます。

どのように代表しようとしても、結局は代表を僭称することにはなります。たとえば動物の権利をいう人が、自分が犬を代表しているとか鯨を代表しているといっても、「あなたが代表できる根拠はあるのか」といわれてしまうのとほぼ同じように、私が将来世代のことを考えて、そんなにいまお金を使ってはダメだと思いますよといっても、あなたがそんなふうに代表する権限はどこにあるのかと反論できる。そして、結局は現在生きている人間だけに都合がいい決定がなされてしまうということになる。別の視点からすると、デモクラシーには、私たち自身を制約するような視点――つまり私たち自身の都合で全部考えるのではなく、将来世代、長い時間軸のなかの自分たちなのだという視点を入れることが必要になってくる。しかしこれは非常に難しい課題です。

今ここに存在しない世代を含めた民主主義

自分がどの世代に生まれるかはまったく偶然です。たまたま私たちは今生存していますが、本当は二〇五〇年に生まれてくるかもしれなかった。あるいは一八〇〇年代に生まれる可能性もあった。まったく偶然ある時代に生まれたことによって、きわめて酷い損害を受けるような決定はおかしいという基準をつくる。これは先ほど名前を出したサンデルの思想的な先駆者であるジョン・ロールズらが論じていることとも関係してきます。

自分がいつどこに生まれるかは偶然的だと考えると、財政問題についても将来世代にツケを残すような決定はあまりすべきでないということになってくる。原発やエネルギー問題に関しても、将来に大きなツケを残す——自分たちがどんどん電気を使ってしまって、あとの処理は遠い未来にゆだねる——決定はできないということを、どうデモクラシーのなかに組み込んでいくのかが重要になってくるわけです。

ポピュリズムとの関係で申し上げたことをまとめますと、一つは、自分を含めた政治全体の問題としてとらえる視点が必要だということです。自分は何も「悪く」ない、自分は何も変える必要はない、自分は十分負担している。自分のやっていることは全部正しい、彼らのやっていることは全部間違っていて、したがって彼らを変えればよく、自分は何も変えない。こういう発想がポピュリズム的であると、私の定義からするとなるわけです。

私たちの都合ですべてを考える。私たち以外の外部――外部には自分たちの子孫や外国も含まれますが――はどうなってもいいという考え方が問題なのです。アメリカのティー・パーティーなどは、「自分たち」という強い連帯の意識をもっているのはいい点なのですが、外国はどうでもいい、とにかくアメリカの都合だけを考えるのが正しいという視点をもち込んでくる。これがもう一つのポピュリズム的な政治の問題点です。この二つの点に注意して考えていく必要があるのではないかと思っているわけです。

4　国政・自治体をどうするか

以上のことをふまえて、今後、これまで申し上げてきたことを国政や自治体のレベルでどのように政治に反映していけばいいのかを、次に考えてみたい。

まず、国政の問題です。

この間の政治的混乱の原因の一つとして、政治改革がうまくいかなかったことを指摘せざるをえません。もちろん、政治改革によって政権交代が可能になった側面は相当あり、政権交代それ自体大きな意味をもっています。長い間同じ人が担当するのはどんな部署でもよくないわけで、たとえば、どんなに会計がうまくできる人でもずっと同じところに置いておくと腐敗してしまうので、いずれの会社も会計担当は異動させる。同じようなことは他の部署でもあり、同じ人がずっと担当していれば、当然、業者と癒着する。そしてお金の使途が不明確になる。だからときどき変える。そのことが緊張感を生み出す。

つまり単に透明性を高めるというだけからいっても政権交代には意味がある。

経済が好転しないことへの不満

実際に、政権交代によってかつて出てこなかったような情報——原発問題を含めて——が出てきているだけでも大きな意味があります。また、先ほどの沖縄問題とも関係しますが、いわゆる日米間の密約問題について、少なくともかつて密約があったということの一端は出て来るようになった。これだけでも透明性を増す、掃除をする効果があったと思います。

にもかかわらず、思うような政治的なパフォーマンスが見えないことに不満が生じているのですが、この不満にも、二つの側面があると思います。一つは過大な期待からくる不満です。経済問題について現在の政治はほとんどコントロールできないということを、この際認識した方がいいと思うのです。政権交代後の一般の人びとの不満のなかで、自分の給料が増えていないという不満が大きい。しかしどんな政党が政権をとったところで、さほど給料が増える状況ではない。それは世界的な問題で、世界のどの国も解決できず、それどころかヨーロッパのかなりの部分が破綻しかかっている現在、政府が変わったら経済が劇的に良くなるなどということはそもそもありえない。

では、何のために政治があるのかという不満を多くの方はもつでしょう。私はもはや政治の限界というものが相当程度あると思っています。そのことをしっかりいうのが政治学の大切なところで、政治に何でもできるという言い方はもはや不誠実なのです。

経済の規模がこれだけ大きくなって、為替相場の動きに対する政府の影響力の範囲も縮小しているときに、たいしたことができるはずがない。

ですから、経済問題について、民主党政権になったから、あるいはもう一度自民党に変えれば良くなるということはまったく考えられない。経済成長をきわめて急激に実現することを政権交代に求めるのは不可能なのです。

政策が実現しないことへの不満

人びとのもう一つの不満として、政策実現が遅いということがあります。この背景には、先ほど申し上げた政治改革の失敗があると思います。この間あまりにも、政治学者も政治家も含めて、政策論議よりも政治的な枠組の問題に注意を向け過ぎてきたのではないかと思うのです。つまり、誰が政治をするか、誰が政策を決めるかばかりにこだわってきました。これはもちろん大切な問題ですが、どんな政策を決めるかということに比べれば大切な問題ではない。

有権者はどういう政策的なアウトプットが出てきたかについて関心があるのであって、誰が政策をつくったかはどうでもいい。人びとからすれば、官僚がつくったって良い政策ならば良いんです。官僚が良い政策をつくれなくなったから問題になったのですが、官僚がつくること自体が悪いということではない。

逆にいえば、官僚から権限を奪って政治家がつくった結果、政策が全然できなくなったのであれば、それは人びとにとってはかえってマイナスでしかない。それがいまの民主党政権に対する評価として表れているわけです。

「誰が」という問題は確かに大切な問題ですが、「何を」するかに比べて二義的な問題だという認識を、政界あるいは政治に関わる側はもう少しもつ必要があります。

その点からいえば、いわゆる政治主導ということで、官僚から政治へ主導権を移すという大きな変化が生じたわけです。このこと自体は私はやるべき課題だったと思います。やれるものならばやった方がいい。ただそのためには準備が必要で、これまで官僚が担ってきた機能を代替するような機構——たとえばシンクタンクのようなもの——を拡充して政策づくりをする機構を整備した上でやらなければ政治主導はできない。そういう問題意識がどれくらいあったのか。単に官僚を外せばよい、あとは政治家だけでできると考えたのだとすれば大きな問題です。

政策が実現できないことの二つ目の理由は、いわゆるねじれ問題です。これについてもいろいろなことがいわれていますが、現在の日本国憲法の体制はねじれをつくるような構造になっているわけです。つまり衆議院と参議院が別々に存在し、別々に選挙され、衆議院優越の規定はあるものの拒否権的——参議院で否決された議案は衆議院で三分の二以上の賛成が必要——な非常に大きな力を参議院がもっている。

このような現在の憲法体制の下で、ではかつてなぜねじれが生じなかったかというと、それは自民党という強力な政党が、多くの場合は過半数の議席とともに衆参を掌握していたからにすぎません。一党優位体制であればねじれない、そうでなければすぐにねじれる体制になっているわけですから、ねじれがどうして起こるのか、想定外だ、という言い方は非常に不可思議な言い方で、当然想定されている状態と考えるべきなのです。

ねじれ批判から憲法を改正すべきだという議論になり、議会制度に詳しい方の中でもそういう意見が根強くあるわけですが、これはきわめて非現実的な提言です。現在の日本で憲法を改正するのは難しいと同時に危険なことです。

ではどうするかといえば、ねじれと共存していくしかない。つまりねじれを前提にして、調整と運用によって、諸勢力間の政策協議等を深める。そういう調整によってやっていく以外に、現在の憲法体制のなかでねじれ状況を打破していく方向はないと考えていい。

対立・競争型政治と調整・合意型政治

このことは、政治というものをどう考えるかという問題と深く関係しているのですが、これについては、二つの大きな考え方がある。

政治はとにかく対立と競争だということを強調する考え方と、政治は調整や合意だという考え方があり、これは二つの対立する考え方なのですが、どちらも政治というもののイメージを形成しており、いちがいに間違っているとはいえません。

日本の政治改革論のなかでは、日本政治があまりにも調整型であったという認識の下に、競争と対立の契機をもち込む必要があるとして、小選挙区選挙制度等を含めていろいろな制度改革を進め、競争・対立型にもっていった。そうして政権交代まで行き着いた。しかし先ほど紹介した参議院の問題やそれ以外の問題を含めて隘路に入ってしまっているのが現状です。

私自身は現在の憲法体制と日本の政治風土を総合的に考えて、競争・対立型政治の運用よりも、調整型の政治が機能するし、調整・合意型の政治でいいと考えてきたわけです。

そういう意味でも必ずしも二大政党的な政治だけがすべてではないということを念頭においているわけです。

自治体の二元代表制は

次に自治体における二元代表制の問題に触れてみましょう。これも議会と首長との対立というかたちで、両院間のねじれと構造的に似たかたちで、二つの別々に選挙された代表制をもったもの同士の闘いになっている。

これも非常にやっかいな問題です。原理的に考えると調整がつきづらい問題になっています。橋下大阪府知事（当時）のような人びとは専制的に振る舞っており、非民主的だという議論がある。そういう考え方もあると思います。

ただ、ある種のデモクラシー理解からすると、民意を受けて、多数の人びとによって選出された大統領制的な色彩をもったリーダーが強いリーダーシップを発揮することは民主的だという考え方も成り立つ。全体の意思を強く貫徹させることが民主的なのだという理解もあるわけです。

しかし、私たちの通常のデモクラシー理解は、もっと自由主義的・多元主義的な要素を組み込んでいて、やはり意見の多元性を反映しなければならないとか、さまざまな勢力の調整が必要だということを含めて、自由主義と民主主義を組み合わせたかたちで運用しています。そういうなかでは橋下さんのようなやり方は明らかにおかしいということになるし、私もそう思う。ただそれが民主的ではないかと問われると、民主的ではあるのです。むしろ民主主義がもっている危険な側面を体現しているというべきかもしれません。

そういう意味で首長は民意を体現していますが、他方で議会も民意を体現している。両方とも民意を体現し、両方とも民主的な正統性をもっている。

両者の調整をめぐって、しばしば、二元代表制はおかしいから制度的な改革が必要だという議論がなされる。つまり首長と議会のどちらを優先させるかをはっきりさせるべきだという意見があるわけですが、これまでお話ししてきたことからもお分かりのように、私は二元代表制を前提としつつ、それをうまく運用すべきであると考えています。

なぜ橋下さんのような人が跋扈するのかといえば、それは議会がだらしないからです。結局のところ、言葉によって文化的なヘゲモニーを形成し、人びとを説得する局面において負けているからであって、制度的に解決しなければならないような問題ではないのです。

5　選択肢としての国民投票

最後に一つ問題を提起しておきます。

現在の日本が抱える問題のなかでも、「3・11」で露呈した大きな問題の一つが、地域間のいびつな構造です。それは沖縄問題と似ているということも申し上げました。

ある特定の地域にリスクを負わせる一方で、東京などの大都市圏に富や影響力が集中する、そういう一種の分業体制が強固に存在している。

「3・11」があぶり出した日本の地図は、光っている部分と暗く沈んだ部分に塗り分けられているものなのです。もちろんこうした矛盾は従来から存在していたのですが、改めて見えてきた。

しかも、地震や津波の災害を受けた東北や北関東の地域は日本社会の中でももっとも過疎化が進んだ地域であり、人口動態の上でも大きなリスクを抱えている。産業構造としてもきわめて一次産業に特化した地域である。これらの要素から、阪神淡路大震災の場合と同列に論じられないことは、復旧・復興の議論のなかでもいわれてきたことです。神戸のように人口がかなり多く、いろいろな産業がある地域とは異なる状況です。

復旧・復興が十分スピーディに進められていないという批判がなされていますが、私はスピード感よりも、やるべき議論をもっときっちりしていくということが必要だと思う。今後の地域のあり方をどうするか、それが決まらない限り、復旧・復興は進みようがないのではないか。

端的にいって、前の状態に戻すのか、それとも変えるのかということを決めなければ動き出すことはできません。もちろん、被災地からは当然の要求として、とにかく暮らしを一日も早く取り戻したい、そのためには、とにかく前のようにしたいという圧力が高まるでしょう。ただ先ほどいいましたように、人口が高齢化・縮小しつつある地域を元のような状態に戻すことができるのか、あるいはそれが現実的に――先ほどいったような意味での「現実的」に――、今後維持できるような地域社会になるのかということが議論されなければならない。場合によっては、ある地域とある地域を統合して新しいかたちで再出発してもらった方がよりいいということもありうる。このような議論が行われていないのではないかと思うわけです。

エネルギー問題に関しても、これまでのように一部の地域で大規模にエネルギーを生産し、別の地域で大規模に消費するということを維持していくのか。これを維持するためには原発を再稼働させてとりあえずこれまでのやり方を続けていくということになるのでしょうが、それ以外の可能性は本当にないのか。こういったことを政治的な争点として明確化していかないと、結局既成事実に引きずられていくことになる。それだけが現実的だというかたちで、「現実」主義の陥穽にはまっていくことになると思います。

本質的議論の回避

私は、本来であれば、こうした問題は、二〇一一年の国会においてもっと深く論じられるべきテーマであったと思います。それだけの時間があったのです。しかし菅直人首相への「菅下ろし」等のいわゆる政争によって時間が空費された。たまたま空費されたのか、わざと空費されたのかはわかりませんが、結果的にそうなりました。

この点も、現在の政党政治がもっているある種の限界を意識させます。つまり、非本質的な問題についてはいくらでも議論する一方で、根幹に触れるような問題については回避している印象を受けるわけです。多くの有権者にもそのような印象を与えていると思う。いったい国会は何をやっているのかと。もう少し敷衍していえば、実は国会は本質的な問題を議論する場ではなくなっているのではないかという疑いが生じています。こういうことが政治不信につながり、大きな問題を引き起こす可能性もあります。

現在の政党政治がエネルギー問題を十分に争点化できないことについては、いくつかの仮説がありま す。一つは、電力問題はあまりにもいろいろなところで政治と結びついているので、政党が当事者であり過ぎて問題化できないのだというものです。もちろん自民党は電力会社と結びついていますが、民主党も電力あるいは製造業関連の労働組合と深い関係があるわけですから、当然そういう配慮がある。メディアも広告収入を考えているでしょう。

国政の場でこの問題についてきちんと議論できる場ができればいいのですが、それが難しいのであれば、一つの選択肢として国民投票ということも視野に入ってきます。

国民投票の可能性

私は、国民投票について、これまでかなり慎重な考え方をもってきました。特に憲法改正をめぐる国民投票については賛成ではなく、いろいろなかたちのリスクがあるといってきた。

ただ、原発問題について、あまりにも政党政治の反応が鈍いのであれば、それを刺激するという意味でも、あるいは場合によっては代替するという意味でも、国民投票は選択肢になりうると、いまは考えています。

それでもいくつかの懸念があります。それは九〇年代以降の巻町等の住民投票と比べたときに、国民投票がもっている問題点は少なくとも二つあると考えるからです。

一つは、きちんとした熟議ができるかどうかという問題です。住民投票の場合は小さい地域で、しかも自分たちが当事者であるという意識があるので、他人事ではなくて自分の問題として考える。たとえば、自分たちの暮らしを守るための経済的な観点から原発が必要だ、あるいは基地が必要だと議論する人がいる。一方、反対する人は、自分たちの環境を守るために原発には反対だ、あるいは基地は要らない。このように自分の問題として真剣に議論する。だから町のなかで対立が激化したとしても、九〇年代以来の住民投票のなかでは、理性的な対話あるいは討論が進められ、粛々と投票が行われていたといわれます。そういう意味で、かつての住民投票では熟議ができました。

ところが国民投票の場合は、どうやって住民投票と同じような水準の議論を確保するのか。たとえばエネルギー問題について、どこまで人びとが自分の問題として考えられるか。それとも他人の問題として考えるのかというところに関わってくるわけです。

第二点として、かつての住民投票は、まさに「東京の人間」に対する異議申立てという側面があったわけです。他地域に原発を押しつけて自分はなにも考えない、意識もしないということでいいのか。何故うちのところにばかりそういうものをもってくるのか。あるいは沖縄でいえば、沖縄に米軍基地をいつまでも置いておいて、本土は何を考えているのだというアピールとしてなされた、そういう側面が明らかにあったわけです。

このようにかつての住民投票には、日本の地域間のいびつな構造を告発するメッセージがあったわけです。しかし国民投票の場合は少し意味が変わってこざるを得ない。国民投票では東京の人も投票する、大阪の人も投票する、福島の人も沖縄の人もみな投票するとなると、全体としての結論をどう解釈すべきなのか。

そもそも国民投票にかける問題なのかということ自体が争点になり得ます。一つの考え方としては、巨大なリスクを伴う施設は、現地の投票で決めるべきだ、たとえば福島県が拒否したら福島に原発を置くべきではない。福井県が拒否したら置くべきではない。逆に福井県や福島県が置いていいとなったら立地するという考え方も論理的にはありうるわけです。

しかしそれに対して東京からは、「いやそういう問題ではないのだ。原発というのは国民全体の問題なのだ」と。これはまさに沖縄の米軍基地についで日本政府がずっといってきたことなのです。沖縄の米軍基地は沖縄の人が決める問題ではない。これは国全体の安保の問題であるから、したがって国全体を代表する国会が決めることであるという言い方をしてきた。原発についても同じような論陣を張る人がもちろん出て来るでしょう。これは国策の問題なのだ、国全体のエネルギーの確保の問題であって、現地が反対しても設置するという考え方です。

国民投票がたとえば二年後くらいに行われたときに、原発問題はひとまず落ち着いたので、福島等に立地してくれていた方がいいと国民の五〇パーセント以上が考えれば、原発は維持されるという可能性もあるわけです。

結局のところ、先ほどから申し上げてきたことに関わるのです。問題を他人事とみるか自分事とみるかによって、結論が左右されることになるのだろうと思っています。

いずれにしても、国政あるいは自治体政治、そして運動等のいろいろな局面で、どうすれば少しでもポピュリズム的な偏りなしに、もう少しましなかたちに政治を立て直していけるのか、課題は多いといえます。

8 「決められない政治」とポピュリズム

（二〇一二年一〇月）

――「決められない政治」への不満が高まっています。

その言葉ですが、いつ誰がいい出したのか、内容もよくわからないまま、メディアを中心に何となく広まっていますね。「政治とカネ」という、これまたあいまいな言葉が賞味期限切れになったのをきっかけに、という感じでしょうか。

確かに、政治が何をやっているかわかりにくい焦燥感があります。経済の先行きがまったく不透明なだけに、政治は何をしているのかといわれるのでしょう。不思議なもので、経済がいい時には政治はじゃま者扱いされ、経済が悪くなると今度は政治のせいにされる。政治というのはつくづく損な役回りみたいですね。

それはともかく、「決められない政治」という言葉自体は最近のものとしても、政治的な決定への渇望というか、さっさと決めるべきだという決断主義は、いわゆる「政治改革」以来、かなり長い間唱えられてきたものです。にもかかわらず、なかなか変わらないとすれば、それなりの理由があるはずです。それに、どうやら問題は日本だけでなく、ヨーロッパあたりでも、経済危機などとの関係で政治の混迷は続いています。

――原因はどこにあるのでしょうか。

端的にいえば、「民主政治において多数派が嫌がる決定をするにはどうするか」ということがネックになっていると思います。民主政治である以上、多数の支持がないと決まらない。ところが今は、景気のいい話はどこにもなく、利益配分というより、負担配分が政治の焦点となってしまいます。そんな中で、もし社会の多くの人びとに多くの負担を求めなければならないような政策が仮にあったとしても、それを民主的な手続きによって進めるのは至難の業ですよね。

何といっても経済のグローバル化が効いています。生産の拠点は低賃金の地域へとどんどん流れ、先進国では雇用の流出や経済成長の鈍化が著しい。それ自体が問題だ、ということはいくらでもいえますが、流れを逆転させる手立ては見つかっていません。なぜいま特に問題となるのかといえば、パイが大きくなりつつある時には、パイの切り方はさほど問題になりません。比較的恵まれない人びとでも、その取り分はふえて行くからです。しかし、パイが小さくなる時には、あらゆる人が不機嫌になり、切り方をめぐって争いが起こる。とりわけ日本では、急激な少子高齢化によって、人口構成のバランスが崩れつつありますので、事態は深刻です。

――「政治改革」は、そうした事態への対応として無力だったのでしょうか。

「政治改革」を唱えた人びとは、日本で政策転換が進まないのは、一つには与党・内閣の権力が弱いからであり、もう一つには官僚制が、いわば外部から政治の主導権を奪ってしまっているからだと考えました。まず一つ目の点についていうと、それまでの政治では、ご存じの通り、それぞれの政党の中で派閥毎に政策的な違いがあり、政党間の対立に収れんしていませんでした。これを二大政党制のようなかたちに変えれば、政党間の政策的な対立軸が明確になり、有権者がどちらの政党を選挙で勝たせるかに応じて、政権交代毎に政策転換が起こるはずだと考えたわけです。政治改革論者たちは、与党・内閣は次の選挙までは一種の「期限付きの独裁」に近い権力を認められるべきだともしました。つまり、与党である間はかなり強い権力を委ねられ、それに対する評価は次の選挙で下されることになる、というわけです。選挙を通じて有権者が示した民意が実現することが民主政治では一番大切だ、という考え方がここにあります。

次に、二つ目の「官僚支配」についてですが、選挙の洗礼を受けない官僚が主導権を握るようで民主政治といえるのかという疑問が根幹にあり、これ自体は否定できません。また、官僚は個別領域を着実にこなすことが求められるので、大きな政策転換ができず、これが政策的な硬直性につながるということはありますし、官僚が自らの利益を追求して行政をゆがめるという側面も否定できません。ここから、官僚を主要な政策決定からはずし、政治家が主導権を握るべきだという話になったわけです。

――どこに問題があったのでしょうか。

当時から私なりに指摘してきましたが、二大政党制は英語圏にかなり限定されたものですし、その頃からすでに、それらの諸国でも二大政党間の政策の接近は顕著で、政党間の政策的な対立軸がわかりにくくなり始めていました。イギリスではサッチャー政権の後に生まれた労働党政権が、金融自由化など、それまでの左派政党のイメージを覆す政策を導入しました。これは単に一部の政党や政治家が勘違いしたというようなことではないと思います。それまでの、産業化の時代に成立した政党政治では、右側の自由主義的政党は経済成長を主として追求し、左側の社会民主主義的政党は福祉国家的な再配分を求めるということで、対立軸が明確になっていました。しかし、先にもふれたようなグローバル化の帰結として、福祉国家を維持するとしても、そのためには、まずもって金儲けに走らなければならないという身もふたもない話になってしまったわけです。もちろんニュアンスの差はありますが、政策的な選択の幅が非常に狭くなった。こうした状況において、それまで二大政党制でなかった国で、対立軸を明確にした二大政党制をつくるなどということは、そもそも難しかったといえるでしょう。

次に「期限付きの独裁」についてですが、そもそも民意とは何かという問題があります。選挙で勝った与党が民意を全面的に代表しているとし、それ以外の回路を「雑音」と見なすようなことは、一面的な見方だと私は思います。もちろん選挙は民意を表現する場ですが、選挙だけがすべてではない。現在のような流動的な状況では、選挙時にはなかったような争点が次々に出てきます。それについて、なぜ与党が独裁的に決めるべきなのか。失敗したら次の選挙で落とせばいいというのかもしれませんが、取り返しがつかないことだってあります。

――「期限付きの独裁」はこれまでのところ定着したとはいえませんね。

その通りです。日本では、第二院がかなり強力な二院制であるため、いわゆる「ねじれ」現象がしばしば起こります。そのこともあって、二大政党化すれば必ず与党の権力が強まるという「政治改革」派の議論の限界は明らかになりました。そこで最近は「ねじれ」対策として、二大政党を中心とする「大連立」に近い動きが出ているのですが、これについては後で述べたいと思います。

――マニフェストについてはどうですか。政党と有権者の契約は、民主政治を前進させるものではないのですか。

そもそも日本の場合、マニフェスト導入を説いた政治学者らの念頭にあったのは、政党と有権者の関係よりも、むしろ政治家同士の関係だったようです。つまり、先ほどもふれたような、それぞれの派閥が独自の主張をもつようなことを不可能にし、政党の内部の締め付けを強めて、政党間対立だけに収れんさせようとしたわけです。実際には、この目論見も見事に裏目に出て、民主党では、マニフェストの扱いをめぐって党内対立が激化することになってしまったわけですが。

それ以上に、今後のことも含めていえば、マニフェストというものの扱い方を間違えると、民主政治の混迷はますます深まると思います。というのも、まさに先ほどから述べているように、私たちが直面している課題は、多数派にとって負担となるような政策決定をどう行うのかということですが、政党が選挙で勝つために、マニフェストにはきびしいことは書きにくい。どうしても、人気取りの方に流れやすいわけです。ところが、実際に政権についてしまえば、マニフェストに書いた通りにはならない。そこでマニフェスト違反と批判され、政権から引きずりおろされる。次の政権も、また次の政権も、ということになりかねないわけです。

——ずいぶん悲観的ですね。出口はないということですか。

そんなことはありません。しかし、そう簡単なことではないということを、まず認識した方がいいと思います。「出口」の問題については後で考えるとして、二番目の官僚制批判にふれさせてください。まず、官僚をはずしさえすれば政治が主導権を握れるという考え方の背景には、政治というものについてのある種の単純な見方があると思います。そこで前提とされているのは、やるべきことはもう決まっているし、それは政治家にはわかっている、ということです。マニフェスト論議とも関連しますが、マニフェストができた時点でもう政治という仕事の主要な部分は終わっていて、選挙後の政治家の仕事はそのマニフェストを「ブレずに」取り上げ、官僚にやらせるだけだ、という政治観です。しかし、私は実際の政治というものは、とりわけ現在のような複雑な社会では、そういうものではないと思います。もちろん、一応の方向性というものは前もって考えておくべきですが、その実現にあたっては、社会の中のさまざまな声に耳を傾けながら、いろいろな勢力と交渉し、調整し、少しずつ物事を変えて行くしかないのではないかと思います。そういう作業において、政治家は官僚をどう使うかを考えるべきです。

――しかし、官僚は自己利益を図っているのではないですか。

そういう側面は確かにありますが、それを誇張しすぎると本筋を見失うと思います。

たとえば、増税は財務省の省益にすぎないといった議論がありますが、そういう側面があるとしても、だからといって財政健全化が不要だということにはならない。財務官僚を悪者にしていれば、気分はいいかもしれませんが、それによって財政が破たんしたとすれば、影響を受けるのは私たち自身です。公共事業についても、官僚の既得権の温床になっているだけだから、政治が主導権を握ればいくらでも削減できる、という議論がありました。しかし、実際に削減すれば、影響を受けるのは官僚だけでなく、私たち自身、とりわけ経済的に弱い地域の人びとであることが明らかになっています。官僚という「壁」は官僚の自己利益の上だけに立っているのではなく、その背後にさまざまな利益構造があることを意識する必要があります。民意を反映した政治家が官僚制という「壁」と戦うという単純な図式では割り切れず、これまでのあり方を変えようとするなら、私たち自身がどこまで変われるか、その覚悟が問われるわけです。

――国政が混迷を深める中で、地方からの動きに関心が集まっています。

大震災・大津波の被災地はもちろんのこと、さまざまな地域で経済的な落ち込みが目立ち、地域医療の崩壊など、深刻な疲弊が広がっています。こうした問題を真剣に受け止める動きなら歓迎できるのですが、どうでしょうか。一般論として、行政の効率化は必要ですし、いわゆる二重行政のムダについても、考える必要はあります。しかし、教員への締め付けや伝統文化の軽視など、物事の本質から離れたところの議論も多いように思います。

何より気がかりなのは、有権者の多数派に対して問題提起するような政策が提案されているかどうかです。長い不況の中で、身分が安定している公務員は、それだけで怨嗟の対象となりがちであり、彼らを叩けば人気が出るというのは見えやすいことです。しかし、そうやって人びとが溜飲を下げていても、雇用の減少や賃金の低下といった、地域がかかえる問題が解消するわけではありません。現在、いろいろとマニフェストめいたものが出ていますが、新たな産業分野などの具体策はほとんどないのが特徴です。また、これは自治体でも国政でも同じですが、財政立て直しのためには、一般の人びとに負担を迫るような政策も必要かもしれません。大阪市が公営交通の「敬老パス」の一部有料化を決めましたが、これは、これまでの政策の中では比較的広い範囲の人びとに対して影響を及ぼすものでしょう。その意味では公務員叩きとは少し違いますが、しかし、高齢者福祉の削減というのは、やはり狙い撃ち的にも見えますね。

――ポピュリズムと呼んでよいのでしょうか。

ポピュリズムとは何かというのは難しい問題です。人気がある政治家はそれだけで悪い、というのは馬鹿げた議論ですし、民主政治である以上、人びとの支持を得なければやって行けない。ポピュリズム批判はしばしば民主政治そのものへの批判となってしまうので、注意する必要があります。しかし、逆に、民主政治なら何でもいいということにもならないでしょう。私はとりあえず、こう考えています。ポピュリズムとは、有権者の多数派の支持を得るために、多数派に負担が生じる政策はすべて回避し、多数派の「外部」への攻撃に専念するようなやり方である、と。

――先ほどからのお話に照らすと、現代ではポピュリズムしか無理ということになりませんか。

無理ということはありませんが、経済成長の見通しがなく、パイが縮小している中では、ポピュリズムが出現しやすい状況になっていることは間違いありません。

その上で、ひと言だけ付け加えさせてください。威勢のいい名前をつけた勢力が次々に国政の場に登場してきそうな状況ですが、地方政治家には一つだけ絶対的な利点があるのです。それは、地方政治家は地域の問題を国のせいにできるという点です。そういう都合のいい「外部」がある。他方、国政の政治家は、国政上の失敗をどこかの地域のせいにすることはできません。このような非対称性があるので、地方政治家が輝いて見えたとしても、少し眉に唾をつけてみた方がいいかもしれません。そして、地方政治家が国政に進出したら、もう、誰かのせいにするわけには行きませんね。そういう意味では、国政進出というのは、やはり大きな賭けでしょう。

――野田首相は、原発再稼働や消費税増税を決めて、「決める政治」の実現を誇っているようですが。

「政治改革」以来求められてきた決断主義が、長いフラストレーションの期間を経て、ここへきてとうとう暴発し始めたという気もします。彼は原発について、自らの責任において判断したなどといっていますが、わずか一、二年しか在任しない首相が、きわめて長期間に及ぶ問題にどう責任をとるのでしょうか。事故が起こった際に、彼がまだその職にある保証はありませんし、仮に在職していても、大規模な事故のもたらす被害を賠償することなどできません。政府が責任を負うというかもしれませんが、政府だって万能ではなく、失ったものを取り返すことはできない。

原発は、ひとたび事故を起こせば、収束までにいつ終わるともしれない苛酷な作業が必要となるし、半減期が数十年から数万年に及ぶ放射性物質が大量に放出され、長期にわたって帰還不能な広大な土地が残されます。このことが、今回の事故で誰の目にも明らかになりました。そして、原発が稼働し続けるかぎり、使用済み燃料や大量の放射性廃棄物が生み出され、その処理についてはまだ技術的なメドさえ立っていない状態です。将来の世代に大きな負担を残すことになります。原子力発電が安上がりだという議論も依然としてありますが、事故処理費用はもとより、廃棄物の処理費用さえ勘案されていません。

――火力や自然エネルギー等で代替すると電気料金が上がり、経済が落ち込むばかりか、産業のいっそうの空洞化を招くというのが、再稼働容認派の意見のようですが。

確かにグローバル競争の中で、少なくとも短期的に不利な条件をもたらす面もあるかもしれません。しかし日本と同様に産業立国でやってきたドイツは、脱原発で高い電気料金を払う覚悟を固めたわけです。よりいっそうの節電によって対応し、将来は自然エネルギー技術等で競争力を増すという方向性もあるはずです。

――どういう決め方がよいのでしょうか。

どう決めるかという前に、徹底した国民的な議論が必要です。この数か月、各地での意見聴取会や、きわめて拙速に実施された討論型世論調査などで、政府は国民的議論をしたように装っていますが、まったく不十分です。毎週首相官邸周辺など、路上に多くの人びとが出ていますが、こうした声も大いに尊重されるべきです。民主政治には選挙だけでなく、さまざまな回路が必要なのです。デモや国民投票など、一般の人びとが出てくるのはポピュリズムであり、議会における「理性的」な討論に委ねるべきだといった考え方もあるようですが、間違っています。考えてみていただきたいのですが、議会政治・政党政治の長い歴史をもつヨーロッパでさえ、原発の是非については、EU加盟の是非といった事項と同様に、国民投票にかけているのはなぜなのでしょう。それは、きわめて長期間にわたって、人びとの生活を大きく左右するような事柄については、一時の政権の判断、すなわち直近の選挙における多数派の判断に委ねるわけには行かないという共通認識があるからだと思います。

ポピュリズムとの関係でいえば、いまのやり方をそのままにし、自分たちの生活を変えたくないから、ツケは後世という「外部」に回すという考え方の方が、先ほど示した私の定義からして、よほどポピュリズム的なのです。他方、自分たちの生活様式を変えることも含めて、エネルギーの新しいあり方について考えているとすれば、それはポピュリズムではありません。脱原発を目指す側の中に、一方的に電力会社や官僚を断罪すればいいと考える人がいるとすれば、それはそれで問題です。原子力が、電力会社や官僚の自己利益のためだけに推進されたという考え方は、一面的だからです。ずっと反原発運動をしてこられた方々は別として、私たち自身が、エネルギーを浪費する生活様式の中に埋没していなかったかどうか反省し、これからどのような生活様式を選ぶのかを真剣に検討しなければならない。自分たちも「原子力体制」の内部にいるという内在的な認識からしか何も始まらないと思います。

——消費税についてはどうでしょうか。

「ねじれ」で苦しんだ挙句、「決められる政治」にするために自公民が消費税限定で一種の「大連立」

を組んだというのが、この間の動きです。一番問題なのは、負担の必要性を人びとに正面から説明することなしに、小手先の数合わせのようなかたちで行ってしまったことです。これによって有権者は、だまし討ちを食らったという被害感情だけをもっています。増税が歓迎されるはずがない、ということはその通りなのですが、あまりにも姑息です。

私自身は、増税そのものにはいちがいに反対しません。何よりも、ヨーロッパ諸国で軒並み二〇パーセント以上の付加価値税を徴収しているのに、日本だけ例外にはできないというのが私の判断です。もちろん、消費税以外にも所得税の累進性を高めたり法人税を上げたり、いろいろな可能性があります。また、逆進性を緩和するための、生活必需品への軽減税率適用や給付つき税額控除などについて決めないまま、増税だけを先行させたことはきわめて問題です。税と年金の一体改革と言いながら、年金のあり方について決定を先送りしていることについては、言い訳できないと思います。

しかし、先ほどもイギリスの例を述べたように、福祉を維持するには税負担が必要になります。ヨーロッパの社会民主主義政党は、福祉国家実現のために増税を進めてきました。日本では、福祉を重視する勢力が増税に反対するというのがこれまでの流れでしたが、それは持続可能な政策ではありません。

さらに、世代間負担の問題についても考える必要があります。これだけ経済がきびしい時にいいにくいことですが、現在の私たちの生活は、毎年、新規の国債を四〇兆円以上も発行することによって成り立っているのです。国債を買っているのは主に国内なので問題ないという議論もありますが、国内が説得できたとしても、海外の投資家や格付け機関が、日本国債が破たんすると見なせばどうすることもできません。そのようなリスクを無視することはできないでしょう。何よりも、このまま少子高齢化という人口構造の変化が進めば、今の若い世代やこれからの世代は、今の高齢者よりはるかに不利な条件に置かれることが明らかになっています。後世に過度に先送りすることによって現在の生活水準を維持するということは、正当化できないと思います。

――そうしたことを有権者に訴えたとして、理解は得られるでしょうか。

うまく行くかはわかりませんが、それしか方法はないのではないでしょうか。だまし討ちのようなやり方は、人びとのガードを固くし、だまされないように、奪われないように、今後はいっさいの負担要求を蹴るぞという態度を生み出してしまいかねません。それは民主政治をさらに劣化させることにつながります。

当面、何より懸念されるのはナショナリズムへの動員です。ヨーロッパでも経済の悪化を直視できない人びとは、移民のせいにし、排斥の動きが強まりました。ナショナリズムが激化する兆候は東アジアでも、竹島、尖閣諸島など領土問題をめぐって、すでに出ています。ナショナリズムの扇動は、内部矛盾を「外部」に転嫁する手垢のついたやり方ですが、苦しい中で各国政府がまたそれに手を染めるようだと、とんでもない事態になりかねません。

いま必要なのは政治への適度な距離感です。政治への幻想と幻滅は表裏一体です。これまで見てきたように、経済のグローバル化の中で、私たちは従来の生活様式を変えたり、新たな負担を引き受けたりせざるを得なくなっています。「決める政治」に、これを逆転させる魔法の力を期待することはできません。持続可能な生活をどう立て直すのか、私たち自身が模索して行くしかないと思っています。

（この「インタビュー」は著者本人によって構成されたものである）

9 代表制の「不可能性」ゆえに、多様な回路を模索する

（二〇一三年一一月）

二〇一三年五月に東京の小平市で、道路建設の是非を問う住民投票が実施されたのを一つのきっかけとして、民主政治のあり方を問い直す議論がわき起こった。小平の住民投票については、「後出し」的な最低投票率規定に阻まれ、これまでのところ、残念ながら投票結果は開示されないままになっている。

しかし、新潟県の巻町（当時）での原発設置をめぐる住民投票や、徳島県での吉野川可動堰をめぐる住民投票など、過去の成功の経験等も改めてクローズアップされ、そこで何が問われ、どう戦われたのかが広く共有されつつある。雑誌『ａｔプラス』でも一六号に、小平の住民投票を主導した水口和恵の

レポート（「東京都初の住民請求による住民投票を実現」）や、中沢新一・宮台真司・國分功一郎による討論（「これからの住民自治のゆくえをめぐって」）が掲載されるなど、この問題がフォローされ続けており、前号の一七号では特集「可能なる民主主義と投票」として、今日の代表民主政治が抱える矛盾を問う立場から、あるいは憲法改正のための国民投票への批判など、さまざまな興味深い論考が掲載された。本稿では、一七号の諸論考に触発されつつ、筆者の問題意識の一端について記すことにする。

1 代表できない「残余」

鈴木健の「なめらかな投票システムと分人民主主義」は、彼の著作（『なめらかな社会とその敵』勁草書房）の論旨の一部を紹介しつつ、代表民主制を改良する方向性について論じたものである。この世にはさまざまな政策的な論点があり、したがって、一人の有権者からすれば、ある政策ではある政党の方針に近くても、別の政策については別の政党に近いかもしれない。それなのに、誰か一人の政治家ないし一つの政党を選ばなければならない今の制度は不合理ではないか。

さらに、当落線という線によって、わずかな票差しかないにもかかわらず、特定の当選者だけに権力が集中し、それ以外の政治家に投じた票は「死票」となってしまう。このように民意を歪める今の代表制を改めるため、まずは有権者が一票を分割して、さまざまな人に部分的に委任することを可能にする。

同時に、委任された者はその得た票数によって発言力が異なるという、株主総会のようなやり方を採用する。このように、今日の大ざっぱな方式から、民意をより精密かつ歪みなく伝える「なめらかな」方式に変えることにより、有権者は、自分の意思が政治に反映されている実感がまったくもてない今日の状況から、少しでももてるようになるのではないか、というのである。

鈴木の議論はより緻密かつ複眼的であり、右のようなまとめ方そのものがまったく「なめらか」ではないが、紙幅の関係でお許しいただこう。その上で感想を述べると、今日、代表制が深刻な問題を抱えているという認識は筆者にも強く、拙著（『政治的思考』岩波新書）でも強調した通りである。

これに対し、近年の「政治改革」では、民意を「なめらか」に反映するどころか、むしろ意図的に歪めて伝えることが目指されてきた。あらゆる政治課題をめぐる意見の相違が、二大政党制の間の対立に還元できるという、およそありえない前提の上に、小選挙区制が導入された。こうしたやり方の背景にあるのは決断主義であり、それは究極的には主権への信仰に行き着く。そこでは、誰に決定権を与えるかを決めることが政治の本質的な課題とされ、それ以外のことはすべて枝葉とされるのである。人びとが個々の問題についてもつ、さまざまな意見の間のニュアンスの違い。人びとの中にある、なかなか割り切ることのできない葛藤。こうしたものに丁寧に付き合って行くのではなく、あえて乱暴に切り捨てる。「〇か一か」というデジタルな枠組みの中にはめ込む。これが決断主義的な政治観であり、近代政治学に脈々として受け継がれてきた。そして、その「正統」な後継者が、「政治改革」を進めた人びとなのである。

これに対して筆者は、先に挙げた近著で、誰か（ないし何か）が誰かを代表することがいかに「不可能」に近いかを示し、だからこそ、代表というものは、さまざまな回路を通じて、できるだけ多元的に試みられなければならないと主張した。そもそも、選挙を通じた代表民主制には限界があり、住民投票などの直接民主制的なチャンネル等によって補完されなければならないことも述べた。もっとも、そこで同時に強調したのは、直接民主制というものも、たとえばイエスかノーかといった単純な選択肢の中から選ばされるという意味では、一種の代表制としての性格をもっているということである。うまく民意を反映できるようなかたちで運営しなければ、直接民主制もまた「なめらかさ」を損なうことになろう。

さらに筆者は、制度化されていない、たとえば街頭でのデモのようなものも、人びとの意思を伝えるという意味では一種の代表機能を果たすと考えている。選挙や無作為抽出の世論調査と異なり、デモなどは、一部の人びとが勝手に参加するものなので、全体の世論分布を反映せず、したがって「代表性」がないという議論も根強いが、それなら、なぜ多くの国々で、街頭デモによって政権が（選挙を通じてつくられた政権でさえも）倒れるのか。多数の人びとが参加するデモが、民意を示す一つの重要な手段であることは、国際的に確立されている。

こうした筆者の議論に対して、代表制をそのように多元化すれば、政治の「スピード感」が失われ、結果的には決定が遅延し、政治そのもののパフォーマンスが低下するという批判が寄せられるかもしれない。前号での國分功一郎と村上稔の討論「変革の可能性としての市民政治」で、國分は次のように指摘している。「住民運動に反対する人は、日本は「間接民主主義」や「議会制民主主義」というかたちで民意をくみとっているのだから、それ以外の手段を出してくるのはおかしいと言うんですね。驚くべきことに、学者でもそういうことを言う人がいます。」

筆者自身は、後述のように、経済や環境をめぐるグローバル化が大きな影響をもつ今日、決断主義的な政治の枠組みをつくり出そうとしても、現状に合わず、事態の改善につながらないと考えている。それよりは、右にもふれたように、より多元的なチャンネルを用意する方が、まだしも可能性があると思う。その意味で、筆者は鈴木の問題意識に共感するところが大きい。

ただし、何か良い枠組みをつくり出せば、万事うまく行くという見通しについては、筆者はかなり懐疑的である。実は制度改革論という点で、鈴木の考え方と政治改革論との間には、一定の類似性が感じられる。むしろ筆者は、どんな制度によっても民意が完全には汲み尽くせないという事実、すなわち、「残余」の存在にこそ、政治の可能性を見出したいのである。

仮に、いっさいのゆがみをもたない、完全に「なめらか」な政治制度が実現できたとしよう。その場合、そこで出された結論に対して、私たちはなお批判を加える根拠をもてるだろうか。結論も「○か一か」でない「なめらか」なものにすればいいのかもしれないが、いつもそうできるわけではない。何かを選ばなければならない場合も多い。選挙制度やその他の制度が、「民意」を十分に反映するのに失敗しているという前提があるからこそ、私たちは、自分たちが選んだ政府に対しても異議申し立てができるのではないか。

確かに、今の政治状況では、あまりにも人びとが、自分たちの責任で政治を改善する意欲を失い、政治に対して外から文句だけをいうようになりすぎており、非生産的である。そうした負の関係を変えるために、一定の制度改革は必要であろう。しかし、その一方で、完全に近いシステムをつくることが、人びとから批判意識を奪う側面があることにも注意すべきである。

ひねくれすぎた考え方であろうか。しかし、完全情報の恐怖というのは、今の世界を考えて行く上で、一つのポイントである。たとえば遺伝子情報が完全に解読されれば、私たちは自分の能力の限界や寿命を意識しながら、より合理的な選択をしていくことができるのかもしれないが、そこでは、自由や希望の意識といったものは大きく損なわれることになろう。ここでは詳しく展開できないが、システムの余白にこそ、自由は宿っているのであり、何か新しいものへの意欲も、そこから生まれてくるのではないだろうか。

確認しておきたいのは、代表制のチャンネルを多元化する、しかも制度的なものの枠を超えて拡大するという筆者の発想は、代表制の「不可能性」という発想に立脚しているということである。不可能だから何もしないということではなく、不可能だからこそいろいろと試みる。しかし、所詮は不可能なので、どこまで行っても終わりはなく、つねに批判に開かれている。

2 「NIMBY」の危険

先にもふれたように、筆者は、今日では経済や環境のグローバル化に伴い、政治のパフォーマンスが、いわば構造的に低下していると考える。このことは、政治のいわば「周辺化」および「脱領域化」の問題として整理することができる。まず、現代では、人びとの主たる関心事は政治よりも経済となり、政治の領分は狭まっている。従来、社会のあらゆる問題は最終的には政治によって決定されうるという前提があったが、それが失われたのである（「周辺化」）。

これと密接にかかわる事柄として、かつては一つの政治の及ぶ範囲として当然視されてきた国民国家が、その有効性をかなりの程度失った。何よりも企業の多国籍化に伴い、国民経済について考えることが意味を失ったのが大きい。今日、企業はより安い賃金を求めて海外に移動するので、先に産業化した地域からは雇用が流出している。併せて、そこでの賃金水準は安い地域に引っ張られて低下していく。こうした推移は人びとの生活にもっとも大きな影響を及ぼすが、主権国家はそれをどうすることもできない。

多国籍企業といえども、主権国家が準備する法制度等を利用するかたちで活動しているので、主権国家の意味が失われたわけではないという意見もあるが、実際には企業と国家の関係は非対称的であり、前者が後者を一方的に利用できるのであって、後者が前者を利用したりコントロールする余地は限られている。また、原発事故などがもたらす巨大リスクは、国境線さえ越えて広がることが明らかになった。環境問題は、主権国家の管轄権によっては封じ込められないのである（「脱領域化」）。

このように、政治は大きな挑戦を受けている。この状況に対して、主流の政治学等は、改めて主権論的な論理を強調することによって、すなわち、あらゆる物事を最終的に決定できる特異な点としての主権を想定し、そこでの決断にすべてが依存していると思い込むことによって、事態を逆転できるかのように主張するが、それはできない相談である。

こうした見方との関係で、鈴木の市民権論にもふれたい。鈴木は次のように主張する。従来の民主政治では、それに参加する「自分たち」という主体の範囲が限定されていたが、そうした国民国家というプロジェクトはもはや維持できない。「むしろ国境を越えた連帯のほうが強くなってい」る現在では、たとえば日本人も、自らの一票のうちの一部をアメリカ大統領選挙に投じることができるという具合に、メンバーシップをオープンにすることが求められる、というのである。

筆者は、すでにふれたところからも明らかなように、状況認識については鈴木とほぼ同じであるが、メンバーシップをオープンにするだけで問題が解決するとは思わない。それによって生じる新たな問題もある。なぜなら、市民権という考え方は、負担と給付とが長期的にはある程度折り合うということを前提にして、初めて成り立つものだからである。コミットメントすることなしに、発言権だけをもちうるということになれば、無責任な参加だけがふえることになる。

それではどうすべきなのか。主権を有する国民国家というプロジェクトを再興しようとしても、意味がないことはすでに指摘した。それよりは開放を前提としていろいろな方策を検討すべきであるが、それが決め手となるか。

主権をめぐる問題は、國分と村上の討論でも大きなテーマとなっている。とりわけ國分は、近代政治思想において、「主権が立法権として定義されたこと」の悪影響を指摘している。彼の近著『来るべき民主主義』（幻冬社新書）でも、そうした論点がより詳しく展開されている。ただ、筆者にとって意外であったのは、國分が近著において、立法権中心主義に言及する際に、ジョン・ロックでなくルソーらにふれている点である。立法権中心主義を確立したのは、誰よりもまずロックであり、それは私たちの現憲法における国会の「最高機関性」にまでつながっている。

立法権中心主義の何が問題か。國分は小平市における政治実践の中から、次のような論点をつかみ出した。今日、私たちは、選挙を通じて立法者の選出のみにかかわっており、それによって民意を示し、主権を行使するものと見なされている。ところが、「立法権として定義された主権によっては、実際の国家は統治されていない」。実際にどこに予算を使い、どこに道路をつくるかといったことは、官僚が担う行政権によって決定されている。したがって、行政権にかかわることなしには、私たちの主権は有名無実なものとなってしまうのだ。

この論点はきわめて重要である。選挙での投票だけで有権者は主権者たりうるという、従来の一般的な政治理解がいかに不十分であるかを、それはまず示している。いわゆる「政治主導」論のあやうさも、ここから明らかとなる。「政治改革」以後、そしてとりわけ民主党政権において強調された「政治主導」論は、行政権が突出しているという認識までは、國分と一致していた。ただ、そこからが異なり、「政治主導」論者は、改めて行政権から立法権へと、つまり霞ヶ関から永田町へと主導権を移しさえすれば、問題は解決すると考えた。

そこに見られたのは、立法権が、正しい政策について事前に包括的に決定できるという想定である。つまり、やるべきことが何かは、有権者にとっても、その委任を受ける政治家にとっても自明であるとされた。これは典型的には、いわゆる「マニフェスト」論議に見出される。何年も先に何をすべきかについて、数字も含めて、事前にすべて明示することができるし、そうしなければならないというのがマニフェスト論者の主張であった。

しかし、経済や環境のグローバル化の中で翻弄される国家において、そのようなことが可能であろうか。ロックが生きた一七世紀ならともかく、現代社会において、そうした事前の包括的な政策決定ができるとは思われない。「行政国家化」といわれるように、現代においては、立法権から行政権へとヘゲモニーがシフトしたが、それにはそれなりの理由があったと認めるべきである。社会が複雑になればなるほど、有意味な知識は専門化せざるを得ない。

ちなみに國分は、この事態を受けて、次のような解決案を提示している。彼によれば、一般市民が選挙を通じて立法権にしか関われないことが問題なのであり、行政権の行使にも関われるようにすることと、すなわち、具体的にどこに何をつくるかといったことについても、市民が関われるようにすべきである。基本的には、筆者もそうした考え方に共鳴するが、若干の留保をしたい。

何より問題となるのは、いわゆる「ＮＩＭＢＹ（Not In My Backyard うちの裏庭には来ないで）」的な反応の激化を、いかにして防ぐことができるかである。小平市の道路建設をめぐっても、計画に疑問をもつ人びとは、計画とは別のところに道路をつくる方が合理的ではないかという主張をしたい気持ちを抑えた。そうした主張をすれば、単なる「NIMBY」と見なされかねないからである。行政権にまで市民が関わることは、抽象的には民主政治の深化といえるが、それが決定者と受益者との「利益相反」を招くおそれも十分にある。だからといって官僚に任せればいいということにも、もちろんならないが、民主政治を深めるために、市民は、自らが自己利益を追求しているのではなく、公共的な観点から発言していることを示すという、より難しい課題に直面することになる。

3 「政治的拘束力」の追求

ところで、小平市の場合を含め、日本で行われてきた住民投票は、いずれもいわゆる諮問型であり、その結果によって法的効果が生じるわけではない。このように「法的拘束力」がないことも、住民投票の「正統性」や「有効性」を疑う議論につながって来た。選挙のような、直接に法的拘束力をもつものとは違い、単なるアンケート調査のようなものだと揶揄する人びともいる。住民投票など直接民主制を推進する意見をもつ人びとの中にも、諮問型でなく、「拘束型」にすべきだという考えは根強くある。

しかし、筆者の考えでは、こうした見方はいずれも、いわば「政治的拘束力」というものの存在を十分に理解していない。直接に法的な効果をもつかどうかとは別に、有権者の多くが参加し、その圧倒的な意思が示されたような場合には、民主政治を標榜するいかなる政府も、それを無視することは難しい。実際に、新潟の巻町では、最初は、公正に運営された自主投票から始めたのであり、そこで大きな成果を挙げたことが、その後の運動につながった。

もっとも、まさにその巻町を含めて、首長や議会はなかなかその結論を受け容れず、実際には、首長や議会の入れ替えという困難な過程を経て、ようやく住民投票の結果は尊重された。その意味で、確かに「拘束型」よりは大変であるが、だからといって、諮問型に意味がないというのは誤りである。これは、先ほどふれたような、デモの意味を無視する見方と通じ合っている。

制度化された諮問型の投票は当然として、自主投票でさえ大いに意味がある。そのことを確認した上で、小平市における最低投票率導入の問題にふれたい。まずは、住民投票の制度設計が終わった後に、最低投票率規定というきわめて重要な規定が付け加えられたことは異例であり、しかもその過程で、市長をはじめ、さまざまな人びとが、明らかに前言を翻すような対応をとっていることは、批判されるべきである。また、投票率が五〇パーセント以上という高い数字でなければ民意といえないという議論が、低い投票率によって選出された自らの立場の根幹を掘り崩すものであることを、政治家たちは理解すべきである。彼らが（住民投票との対比で）絶対視する選挙においても、最低投票率、ないしそれに類似した制度が設けられているのなら（実際、世界にはそのような制度もある）それなりに一貫しているが、そうでない以上、二重基準であることは明らかである。これは、前号での木村草太の論文「国民投票・住民投票の条件」も指摘しているところである。

その上で、小平市に限らず、今後のこの種の運動の展開との関係で、次のことを確認したい。それは、最低投票率を満たさなかった投票結果の不開示に、首長や議会がこだわっているのは、実は数字がもつ「政治的拘束力」を彼らが意識しているからだという点である。そもそも諮問型であるし、法的に成立していないというのなら、賛否の票数を公開しても問題ないはずだ。しかし、首長らはそう考えなかった。数字が公開されれば、おそらく、道路建設反対の意思が圧倒的に多数の市民によって示されたことが明らかになる。その数字が「独り歩き」することを彼らはおそれている。逆にいえば、そうした数字は必ず「独り歩き」するということなのだ。

代表制の回路を多元化するためには、こうした「独り歩き」を味方につける戦略が必要になってくる。その意味で、制度的な投票にこだわることは、得策ではない。自主投票であっても、明らかに公正に実施されたものであれば、その結果は意味をもつ。さらには、メディア等によって実施された「出口調査」であっても、かなりの効果があるのである。自分たちが唯一の、すなわち「主権的」な決定回路であると強弁する勢力と、法的・制度的に争っても勝ち目がないのであれば、「政治的拘束力」を追求すべきである。

ところで木村は、国民投票や住民投票のような直接民主制を絶対化しがちな議論に対して、それらが「魅力的な制度」であるとしつつも、直接投票が濫用されないための条件をさまざまに考察している。中でも、もっとも主要な点として、政治家らが自分たちの都合で「上から」人びとに問いかける直接投票（通常、プレビシット型とされるものであろう）と、人びとが「下から」要求するそれ（レファレンダム型とされるものであろう）との区別が強調される。

前者の典型が、安倍首相や橋下大阪市長らが提起した、憲法九六条を改定して、憲法改正国民投票をひんぱんに実施できるようにしようとするやり方である。安倍や橋下らは、国民にひんぱんに問いかければ、主権者としての国民の地位を実質化することになると主張している。しかし木村は、九六条の改定によって、議会の多数派が、何を改憲論議の対象とするかを恣意的に決定できるようにしてしまえば、「「国民」のためを標榜しつつ、政権与党にとってのみ都合のいい制度」になるとしている。

これに比べると、人びとが「下から」要求する「国民発案」のような制度については、木村は基本的に賛同しているようだが、全般に彼は、直接民主制に対して慎重な態度を維持している。筆者はといえば、すでに繰り返し述べてきたように、代表制のさまざまな回路の一つとして、直接民主制に大きな役割があると考えるが、それを唯一の回路と見なすような考え方には反対である。あくまで、選挙などさまざまな回路のうちの一つにすぎない。この点を見失うと、またしても主権の亡霊が出現することになる。

先にふれたような、今日の政治の位置づけ、とりわけ「脱領域化」の側面を前提とすると、誰が決めるべきかは、今日では自明ではなくなっている。筆者自身、福島の原発事故以後の現在、原発政策のような重要な問題について、政府がなし崩し的に決めることは許されないと考え、原発国民投票の実施を求める運動に、宮台真司らと加わっているが、運動の当初から指摘しているのは、国民投票を絶対化してはならないということである。

特に問題なのは、国民投票では、さまざまな地域の温度差が反映されない点である。たとえば、沖縄に遍在する米軍基地の問題について、国民投票で決めるのが適切だろうか。ＮＩＭＢＹ的な世論が噴出して、現状維持を一方的に沖縄に押しつけることにもなりかねない。そうしたことを避けるためには、さまざまな地域で、まず住民投票を実施し、それぞれの地域のいわば「エゴ」を表面化した上で、相互にさらに討議を深めて行くことが必要である。

国民投票は、その先に展望されるべきものである。

これまでの議論を要約すると、今日の民主政治が直面している困難を、代表制にゆがみが生じていることや、行政権が立法権に優越していることや、直接民主制が抑えられていることなどの、どれか一つに還元することは適切ではない。主権という特異点にすべてを解消するような一元的な枠組みが相対化され、それに代わる秩序が見つかっていないのが問題なのだ。これに対して、主権を再興しようとする試みが空しいのは当然だが、何らかの単一の「解」を見いだせるという発想をすれば、改めて主権的なものにとらわれてしまう。私たちは容易に解けそうにない謎にとらえられ、霧の中をさまようことを強いられている。その事実を受け容れることから始めるしかないというのが、筆者の見解である。

10 周辺化・脱領域化される政治——政治学の何が問題か

（二〇一四年二月）

1 「権力の統合」？

現代における政治主体は、どこに見出されるのか。それを考えるにあたっては、今日の政治が直面する危機をまず認識する必要がある。そして、政治認識の学としての政治学が、そうした危機に対応しているかが問われなければならない。

戦後政治学は、決定権の所在があいまいな「無責任の体系」への告発と共に始まった。二〇一一年三月一一日以降に明るみに出た日本社会のさまざまな問題点、とりわけ原子力政策をめぐる従来の無責任な対応、「原子力ムラ」とも呼びうる政・官・財・学の関係者が相互に意向を忖度し合い、もたれ合いながら、(かつて丸山眞男がしばしば用いた表現を使えば)「ずるずるべったり」な行動様式を示してきた経緯を見れば、こうした批判が依然として妥当するという感を禁じえない。(1) 戦前の日本が、軍隊という危険物を扱うに十分なガバナンスのシステムをもたなかったというのが戦後政治学の告発であったとすれば、戦後日本は、やはり十分なガバナンスの備えなしに、原子力という巨大な破壊力を「平和利用」の名の下に弄び、破たんしたと見ることもできよう。

こうした評価から、原発のような危険施設のガバナンスにつき、責任ある態勢の必要性という結論を導くことは、ある意味で当然である。原発の維持・運用は、事故時に「例外状態」ともいうべき緊急対応を必要とすることから見ても、戦争に比すべき事業だからである。しかし、逆にいえば、戦争することを前提としない体制において、原発が運用できるかが正面から問われなければならない。そして、戦争を放棄した体制において、権力の一極的な集中を図ることは望ましいか、そもそも現在において可能であるかも慎重に検討される必要がある。

戦後政治学は日本政治にもっとも欠落しており、したがってもっとも必要とされるのは「権力の統合」であるという基調で展開してきた。丸山にしても、そのメッセージは多面的であり、必ずしもその点だけを主張したわけではないが、主要な論点はそれであった。責任ある権力主体に権力を集中し、政治決定を円滑にする一方で、結果責任を権力主体に求めることができるようにする。これが戦後政治学のプロジェクトであり、その延長上に、近年の「政治改革」論も展開された(2)。そこでは、日本政治の問題点は、権力中枢としての政権の弱体と、官僚制という政権外部の勢力が不当に権力を分有していることにあると整理された。そこで、内閣機能が強化されると同時に、小選挙区制によって与党が圧倒的多数を得やすい条件が整えられた。政権は次の選挙までは「期限付きの独裁」ともいうべき強力な権力を保有すべきであり、政権への評価は次の選挙によってなされるべきであって、日常的に野党やさまざまな利益団体等が政権と交渉することは、むしろ政治をゆがめるものであるという政治観が喧伝された。また、「政治主導」の名の下に、民主的に選出された政治家が官僚の行動を指図すべきであるということが強調された。

こうした多岐にわたる「政治改革」にもかかわらず、日本政治は「権力の統合」を実現したようには見えない。さまざまな政策課題について、なかなか決定が行われず「決められない政治」への不満が絶えない。これについては、特定の政治家や政党が無能だからであるという論点に加えて、改革が途上にあるからで、さらなる改革を進めれば、いつかは実現するはずだという意見もある。日本の場合、第二院として独立に選挙されている参議院が相当の権限を有しているため、総選挙で勝利しても十分に権力を掌握できないという「ねじれ」現象の存在への嘆きも聞かれる。そして、何らかの方策によって「決められない政治」を脱し、次々に決定する決断主義的な政治にすべきだとして、それを実現してくれそうな政治家を待望する傾向も強く見られる。

2　政治の「周辺化」と実証政治学

しかしながら、現在、民主政治における政治決定の困難は日本だけの現象ではない。ヨーロッパ経済危機において、財政が悪化した諸国が、緊縮財政の決定をEU内の他の諸国から、さらにはEU外からも期待されながら、それになかなか踏み切れなかったことは記憶に新しい。このことに端的に表れているように、今日、私たちが直面しているのは、多数派に不人気な政策を民主政治の下でいかにして決定できるのか、という問題である。(3) 民主政治である以上、多数派の賛同がなければ政治的決定はできない。仮にきびしい緊縮財政や増税のような政策が必要であったとしても、どうすればそれを有権者の多数に納得してもらえるのか。これこそが、多くの国で政治が直面している課題であり、そして政治家が有権者から次々に不信任を浴びせられ、政権交代が繰り返されながら、いっこうに事態が進展しないというデッドロックをもたらしている原因に他ならない。

背景にあるのは、何よりもまず経済のグローバル化である。かつてのように国民経済が主で貿易は従という前提は成り立たない。資本が、モノが、そしてそれほどではないにせよヒトが移動している今日、ある主権国家が経済の動向と無縁に、あるいはそれに抗するかたちで政治的な決定を行うことは不可能である。とりわけ、先に産業化をとげた国家では、同等の労働をより安価に獲得できる国家への雇用の移動を避けるすべはない。さらに日本のように人口収縮と急速な高齢化を経験しつつあるところでは、経済成長の見通しはまったく立たない。そして、パイが拡大しつつある時には比較的軽微であった国内の利益配分対立が、パイが縮小する中では目立つことになる。

こうした状況では政治的な選択の幅は実際にはきわめて狭い。ヨーロッパを中心として、経済成長を重視する自由主義的な政党と、福祉を重視する社会民主主義的な政党との対立軸がかつては存在した。しかしながら、これまでの福祉水準を維持するためにも、グローバルな競争の中で経済成長を達成するしかない今、そうした二者択一的な選択肢が存在するわけではなく、いかなる政治勢力も、有権者の支持を得るには福祉が必要であり、福祉を守るには経済成長を追求しなければならないのである。このように、政治は選択の余地が少ない、「中立化」の状態にあるということもできる。しかも、経済成長の見通しが現実にはなく、有権者の多数に対してさらなる負担の増大や給付の削減を求めなければならない立場にあるとすればどうか。そうした真の争点を有権者に告げることなく、疑似的な争点を提示し、根拠のない人気取り的な発言をするポピュリズム政治に埋没しがちである。たとえば国内における移民の存在が問題であるとか、すべて官僚や組合が悪いといった類の議論である。こうした疑似争点を示すことで人気を獲得し、真の争点を回避するやり方が広まることを、政治の「劇場化」と表現することもできよう。

敵が特定でき、その敵を倒しさえすればいいのなら、政治に求められるのは即時の決断だけとなる。しかしながら、もしも私たち多数派が負担の増大や給付の削減を覚悟しなければ問題が解決しないような状況にあるとすれば、外部を叩いているだけでは問題はいっこうに解決しない。問題を私たちの内部

にあるものとして受け止めなければ何事も始まらないからである。(4)

政治学はこれまで、そして現在も、絶対的な決定の審級としての主権を想定することによって、この問題を単純化して処理してきた。社会のあらゆる出来事を動かす特権的な点としての主権があるとすれば、あまり多くのことに思い煩う必要はない。しかし、現在の世界で、主権の絶対性を前提とすることができないのであれば、国家レベルで権力を統合するという方策によってすべて解決するわけではないだろう。

先にもふれたように、「政治改革」論を展開した政治学者たちは、権力の国内的な配分を最大の問題と見なしてきた。政治と官僚制との間での権力の配分のあり方、あるいは、中央政府と自治体政府との間での権力の配分を最大の問題としているわけだが、その根拠を十分に示したであろうか。仮に、経済等によって政治的な選択が大きく制約されていることが最大の問題であるとすれば、政官関係や中央―地方関係を変えたところで、本質的な解決とはならない。経済等による政治自体のいわば「周辺化」の可能性を今少し真剣に検討してみる必要があろう。

しかも、「周辺化」は狭い意味での経済との関係だけで生じるわけではない。環境との関係でもさまざまな制約が生じる。自然環境の中で生かしてもらう以外に人間の存在はない。自然環境を汚染し、自然の回復力を越えて負担をかけ続ければ、自らの生存が危うくなる。また、放射性物質のように長期間にわたって深刻な被害を及ぼし続けるようなものを、現在の都合を優先して環境に放出し続け、廃棄物処理のような技術的にも確立していない課題を後世にまで先送りするようなことは、持続可能な生活を破壊する。いかなる主権的な決定といえども、こうした環境との関係を一方的にコントロールすることはできないのである。なお、経済への配慮と環境への配慮は、一般的には相互に対立するものと受け取られがちである。なぜなら、経済を短期的に良くしようとして環境に過大な負荷をかけるといった行動様式が、現在、広くみられるからである。しかし、経済が持続可能なものであるためには環境との調和は当然のことであり、両者は、つきつめれば、生物としての人間の存在条件にかかわる問題として通約できよう(5)。

3 政治の「周辺化」と政治思想・政治理論

こうした政治の「周辺化」についての認識不足は、実証的な政治学においてのみ顕著であるわけではない。価値の問題を扱う規範的な政治理論・政治思想においても、同様の事情が見られる。政治理論・政治思想の領域は、過去のさまざまな理論を歴史的文脈の中で研究する政治思想史的な分野と、歴史的な文脈を離れて理論を哲学的に追究する政治哲学的な分野とに大きく分けることができる。前者に関しては、社会契約論をはじめとする近代の代表的な政治思想について、その歴史的な文脈を探る多くの業績がある。それは貴重な仕事であるが、主権や法を中心とする近代政治秩序の成立過程について知ることが、それがゆらいでいる状況に対処する上で直接の知見を提供するわけではない。また、近代国家成立以前のさまざまな政治思想についての研究も、主権的な枠組みを相対化する上で重要であるものの、現在の問題に直結はしない。重農主義以降、それまでの主権的・法的な枠組みから経済的な枠組みへの思考の変化を扱う研究もあらわれているが(6)、それが政治の「周辺化」にかかわるという認識がどこまで共有されているか心もとない。

後者の政治哲学領域についてはどうか。この分野では、公共性の回復が大きな主題として追究されてきたが、その背景にある動機は、まさに経済的なものとの対峙であったといえよう。経済的なものによる政治的なものの侵食に対抗するため、公私二分論という古代ギリシア以来の枠組みを改めて前面に出し、公的なものすなわち政治の復権を図るというのがその内容である(7)。そこでは、公共性とは人間と人間との間の言語を介したコミュニケーションの領域であることが強調され、生物としての人間のあり方について考えることは、政治を経済領域に還元するものとして忌避される。しかしながら、公的な領域の喪失は、概念的な混乱に帰せられるものではなく、ほとんどの人びとが私的な領域の中で、生物としての自らの存在に専念しなければならないような状況が現に生じたからではないのか。政治の「周辺化」に対して、単に政治の重要性を説き、かつて政治が他の領域に対してもっていたとされる「棟梁性」を現代において強調するという戦略は、どこまで見込みのあるものなのであろうか。また、公共的な空間が確保される時に、その背後で、弱い立場にある人びとや地域が、私的な空間に閉じ込められているということを、より深刻に受け止める必要があろう。

政治哲学の主要な主題とされる、自由主義か共和主義かといった対立軸についても、同様のことがいえる(8)。個人の自由な選択を前提とする自由主義を前提にしたのでは、人びとの利己的な行動を制約することができず、政治社会全体のために結集することができないので、共和国を構成する市民としての「徳」をあらかじめ人びとに注入する必要があると共和主義者たちは説く。しかし、歴史上、共和主義的な政治社会の市民は、経済的な自立性、すなわち他の何者にも従属することなく自らの生活を確保できるという条件が保障されていなければならないとされていた。他人に従属しなければ生存できないようであれば、自由に発言することもできないからである。しかし、法人資本主義が全面的に展開し、ほとんどの人びとが賃金労働者となっている今日、こうした条件は確保できるであろうか。もちろん、私たちが市民としての側面をまったくもちえないというのも極論であろう。しかし、それ以上に私たちは経済過程の中に組み込まれており、自由主義か共和主義かを自由に選択できるような状況にはない。

自由主義や共和主義といった政治哲学における主流の考え方を批判し、エスニシティやジェンダーなど、近代政治思想が見落としてきたアイデンティティの重要性を説く潮流についても、同じような批判は免れない。そこでは、労働者としての存在様式をはじめとして、グローバルな競争の中で寄る辺なく漂う人びとのあり方が、すでに「解決済み」の問題としてあまりにも等閑視されてきたのではないか(9)。「ポスト産業社会」論など、産業化がいったん達成されると私たちはまったく別の思想的な地平に立つことになるという理論動向は、控えめにいっても一面的であった。そこで指摘されたような問題がない、というわけではない。それどころか、そうした問題はきわめて重要なものとして出現してくる。しかし、かといって以前からの問題領域がなくなるわけではなく、次々に、いわば地層のように積み重なっているのである。

4　政治の「脱領域化」

もう一つの重要な事象が政治のいわば「脱領域化」であるが、この事象は、実は「周辺化」と密接な関係にある。というのも、経済や環境の政治に対する影響力が大きくなり、主権的な決定の絶対性が失われるというのは、政治が従来、領域性の上に成立していたことと深くかかわるからである。主権国家を軸とする近代の政治は、国境線によって囲い込まれた領土と、その上に生活する人びとを対象とするものであった。主権の本質はこの「囲い込み」であり、範囲が確定された単位に対して、他のいかなるものにも優先する決定権をもつとされていた。自治体など、主権的ではない単位についても、こうした主権の絶対性の効果は及んでいた。ある主権国家に内属する自治体として、他の主権国家からは影響を受けないものとされていたのである。

「囲い込み」、すなわち政治的単位の確定が意味をもつのは、ある限定的な条件の下でのことであった。経済や環境についても、それが空間的にかなり限られた範囲の現象であるかぎりは、主権国家など、特定の政治的単位における決定によってコントロールすることができた。国民経済が主で、貿易は従であるというのは、そうした「古き良き」時代の常識であった。今日のグローバル化した経済においては、地球の裏側の現象が、私たち一人ひとりの生活を左右しうる。そうした中で、たまたま私たちがその中に内属している主権国家による政治的な決定の意味が薄れるのは当然であろう(10)。

環境についても同様のことがいえる。チェルノブイリ原発事故の影響はヨーロッパ全体、さらにはそれを超えて広がり、「リスク社会」が国境を越えて広がっていることを明らかにした。今回の福島原発事故についても同じことがいえる。まして、国内における行政単位の陳腐性はいっそう明確になったといえよう。これまで原発の立地や運用については、それが立地する市町村ないし都道府県の合意を前提として、国家が決定するものとされてきた。しかし放射性物質の拡散は行政単位によって制約されることなく、きわめて広範囲に及んだ。こうした中で、半径五〇キロメーター内に広がる自治体が、自分たちも「地元」であると発言し、担当大臣が一時は「日本全国が地元」と発言せざるをえなかったのも当然であった。

今回の事故で放出された放射性物質は外国にまで広がったし、今後、近隣諸国で事故が生じればその影響は日本国内にも及ぶであろう。このように、巨大なエネルギー生産と表裏一体のものとして、環境に対する巨大な悪影響の可能性を潜在的にもつ原発のような施設については、その是非についての決定権を特定の主権国家や、ましてはその内部の特定の自治体がもつという考え方に、正統性は見出されない。そうした決定方法が現に世界中で採用されているとしても、それは単に慣性力によってそうなっているだけであって、理論的・倫理的に正統化することはできない。そして、実はこれは、環境にとどまらず経済の領域にまで「バックファイア」しかねない論点である。ある地域における経済活動のあり方が国境を越えて広範囲に深甚な影響をもちうるような時代において、その経済活動の是非について、なぜ特定の主権国家が決定権をもつのか、ということである。

もちろん、こうした問題点について、性急な「解答」を求めることはできないだろう。さまざまな関係がグローバル化しているからといって、ただちにグローバルな政治制度が最適だということにはならない。これだけの差異をはらんだ世界において、グローバルな一元的な政府を樹立し、運営することは、困難であるばかりか、多くの副作用をもたらしかねないからである。

しかし、政治が今日直面している危機はきわめて深刻であり、それを見つめることによってしか、政治学の未来は開けてこないのではないだろうか。新しい政治主体の発見に向けて、今、そうしたことが求められている。最後に綱領的なかたちで、現代における政治の危機を要約しておきたい。

「周辺化 marginalization」（経済・環境等に対する政治の有効性の減退）
「中立化 neutralization」（グローバル社会における政策的な対立軸の喪失）
「劇場化 theatricalization」（ナショナリズム等、疑似争点の昂進）
「脱領域化 de-territorialization」（主権の相対化に伴う決定不能性の発生）

＊本稿は二〇一二年度日本政治学会（於　九州大学）における報告に加筆したものである。

（1）杉田敦編『丸山眞男セレクション』平凡社、二〇一〇年。

（2）佐々木毅『政治の精神』岩波新書、二〇〇九年。飯尾潤『日本の統治構造』中公新書、二〇〇七年を参照。

（3）杉田敦「「決められない政治」とポピュリズム」『世界』一〇月号、二〇一二年、一八二―一八九頁〔本書8〕参照。

（4）杉田敦「敵対性はどこにあるのか：シャンタル・ムフ「政治的なものについて」をめぐって」『情況』三月号、二〇〇九年、一八八―一九三頁。

（5）杉田敦『3・11の政治学』かわさき市民アカデミー、二〇一一年。

（6）先駆的な仕事として、Michel Foucault, *Naissance de la biopolitique*, 2004〔ミシェル・フーコー『生政治の誕生』慎改康之訳、筑摩書房、二〇〇八年〕.

（7）ハンナ・アーレントに触発された一連の業績を想定している。

（8）ジョン・ロールズらリベラルと、それを批判するマイケル・サンデルらの議論に触発された一連の業績を想定している。

（9）William E. Connolly, *Identity\difference*, Cornell University Press, 1991〔ウィリアム・E・コノリー『アイデンティティ／差異』杉田敦他訳、岩波書店、一九九八年〕などに触発された一連の業績を想定している。

（10）杉田敦『境界線の政治学』岩波書店、二〇〇五年。

11 秘密保護法と治安政治の文脈

（二〇一四年五月）

1　特定秘密保護法をめぐって

――特定秘密保護法に反対されたのはなぜですか。

まずはっきりさせておきたいのは、私は国家機密の存在自体を認めない立場ではないということです。今回、法案反対派の中には、それに近い考え方の方々もいたかもしれません。国民のための政府なのだから、国民に対してすべての情報を即時に開示すべきだという考えです。これに対して私の立場は、とりわけ外交や防衛に関しては、その場で開示できるわけではない情報もあると認めたうえで、一定の期間を経ればほぼ確実に開示されるようなシステムを確立するのが先だろうということでした。

――国家機密の存在を認める理由は。

それは権力というものをどうとらえるかと深くかかわってきます。国家機密に否定的な議論をする方々は、権力と自由とをつねに対立するものと考えていると思います。権力は迷惑で怖いものであり、権力を弱めればそれだけ自由は増える。そして、権力はいろいろなところにあるようにみえても、結局は国家に由来する。したがって、国家権力に対しては単に敵対していればいいのであって、そうすれば自由が守られる、というわけです。こうした考え方を、私は自由主義と呼ぶことにしています。

この自由主義論には、もちろん重要な役割があります。国家に国民が動員された長い戦争の後で、こうした発想が支持を得たのも当然でした。また、後にもふれることになると思いますが、今日のように、国家に対して、屈折した期待が過度に寄せられている状況では、それに冷水を浴びせる必要がありますす。しかし、権力を単に批判するだけでは、セキュリティの供給という、政治のもっとも根本的な機能を否定することになってしまいます。そして、そうなれば多くの人びとの支持を得られないでしょう。人びとはセキュリティを求めていますから。

――どういうことでしょうか。

誰しも病気になったり、高齢になって働けなくなったり、あるいは高齢でなくても解雇されて働けなくなったりすることへの恐怖をもっています。こうしたことに備えるために、広い意味での福祉が必要なわけですが、それを担ううえで国家の役割というものがどうしてもある。生存権が実現するためには、税を強制的に徴収して再配分を行う権力の強力な作用が必要です。

さらにいえば、こうした福祉の面だけでなく、もっと古くからの問題である治安の維持という「夜警国家」的な側面でも、国家は重要な役割を果たしています。もちろん、治安というものは警察力のような強制力だけで実現するわけではありません。日本では、たび重なる大災害の際に、事実上の無警察状態になっても、掠奪等が起こらなかったという事実があり、これは市民社会のようなものの存在を裏付けているのかもしれません。しかし、だから警察が要らないという話にはならないでしょう。ホッブズ以来指摘されているように、セキュリティの確保こそが、人びとが政治社会をつくって法の中に入る動機付けなのです。

――そのように国家を積極的に評価していると、人権が否定されてしまうのではありませんか。

今回、特定秘密保護法が成立すると、戦前のような時代になってしまう、といった議論がずいぶんありました。私も、そうした議論が出てきたことには十分な理由があると思います。何よりも、法案を提出した現政権・与党は、人権擁護にあまりに無頓着な憲法の改正案をつくって、それを通そうとしている人びとですし、今回の法案審議中にも、デモで声を上げることそのものを非難したり、強行採決を繰り返しました。こうしたやり方が、権力への恐怖をあらためて呼び起こしたのは当然でした。

また、先ほど権力にはセキュリティを実現する機能があると強調しましたが、権力には逆の機能もありうることはいうまでもありません。セキュリティを確保するためには、リスクを小さくしなければなりませんが、自由な社会というものにはリスクが伴います。人びとが自由に行動すれば、いろいろなことが起きるからです。ですから、セキュリティを極限まで実現しようとすれば、人びとの生活そのものが圧殺されかねない。かつての社会主義諸国のように、体制の維持を自己目的化して、隅々にまで秘密警察網を張り巡らしたりすれば、それは体制のセキュリティを維持することにはなっても、いつどんな理由で逮捕されるかわからないわけですから、個人のセキュリティはむしろ低下してしまう。セキュリティ対策が逆効果を生むのです。

権力と付き合うにあたっては、その両義性を認識する必要があると私は思っています。簡単にいえば、権力にはメリットもデメリットもあるので、上手に使わなければならないということです。こうした認識を定着させるには、セキュリティにかかわる制度をつくるにあたって、政権側が、人びとの間に不安を呼び起こすようなことがないように、慎重にことを運ぶ必要があります。その点で、今回は政治運営が落第でした。今後、いまの政権側が何をやろうとしても、人びとの方では警戒が先に立つことになるので。他方で、政権と対立する側はといえば、やっぱり権力というのは危ないものだから、何でも反対していればいいという立場に戻ってしまったわけで、これはこれで不幸な経過でした。そういう単なる自由主義だけでは、よりマシな権力を自分たちでつくるという民主政治の根本的な部分が、お留守になってしまいます。

――特定秘密保護法の立法過程には、何が欠けていたのでしょうか。

一つには、より多くの立場の人びとから支持を得るための配慮が欠けていました。そもそも、今回の法案の原型は、民主党政権の時代につくられたものです。もしもこの法が、推進論者のいうように、どこにでもあるようなもので、特別に危険なものでないとするのなら、少なくとも民主党に呼びかけて、共同で提案する方向性を探るのが当然であったでしょう。諸外国でも、セキュリティにかかわるような法律・政策については、政権交代によってひんぱんに覆されたりすることがないように、超党派的な協議を前提としています。ところが今回、第三勢力との連携を図るという戦術的な動機から、政権は民主党を外しました。これがまず、ボタンの掛け違いでした。また、さまざまな政治日程との関係でしょうが、先にもふれたように、十分な審議時間を確保せずに強引な審議を進め、なぜそんなに急いで立法するのか、何をたくらんでいるのかという疑念につながりました。

もう一つには、中身にもかかわる問題ですが、秘密指定というかたちで国家権力の、とりわけ官僚の権力を強めることになる今回のような法案については、そうした権力が暴走しないようにするブレーキを同時に提案する必要があります。そうでなければ、当然、人びとは不安になります。ところが今度の法案は、提出時には、そうしたブレーキがまったくついていない状態でした。その後の法案審議の中で、さまざまな批判にさらされる中で、第三者的な機関や　国会の関与などが「泥縄」式に追加されましたが。

——何を秘密指定すべきか等は専門家しかわからないので、第三者機関にはあまり意味がない、といった議論もありましたが。

当事者しかわからないから外部チェックなど要らないというのは乱暴な議論ですね。それでは暴走を止める手だてがなくなります。確かに外部チェックというやり方に限界があることは事実です。チェック機関をつくっても、それをチェックする機関が必要となり、さらにはそれをチェックする機関、ということできりがない、という論点もその一つです。また、原発事故で明らかになったように、第三者的な機関をつくろうとしても、専門家はみなつながっており、キャリアを通じて行き来しているので、なかなか中立性を保てないというのも事実です。しかし、それなら監査とか検査とかいうことはやらなくていいのでしょうか。原発規制を例にとれば、原子力安全委員会は確かに不徹底でしたが、それなら電力会社や経済産業省にすべて委ねていたら、もっとまともな対応になったでしょうか。そんなことを信じる人はいないでしょう。

——特別に守られるべき秘密を指定することで、それ以外の情報は出てきやすくなるとか、省庁の間で情報が共有されることになるので、各省庁が抱え込んでいる現状よりはよくなるという議論もありましたが。

先にもふれたように、機密の存在は認めますが、それは、それ以外の情報についてはきちんと公開されるという前提のうえです。「西山事件」（一九七一年の沖縄返還協定をめぐる、外務省機密漏洩事件）が象徴的ですが、日米密約をめぐって、アメリカで情報が公開された後も、外務官僚や自民党政治家たちは、その存在を否定し続けました。外交や防衛にかかわる機密は、その場では公開できないとしても、一定の時間が経てば国民に開示され、歴史的な判断を受けるべきだという発想が、この社会に根付いているとは思えません。まずはそれを根付かせるのが先です。特に私が問題としたいのは、日本の一般の人びとの考え方です。民主党政権時代に、検証がなされ、密約の存在が不十分ながら明らかにされました。その時に、有権者の間に怒りというものがほとんどみられなかった。そのことに私は失望しました。「大量破壊兵器」があるという誤った情報でイラク戦争に参加したイギリス政府を、イギリスの有権者が政権から引きずり下ろしたのとは対照的です。

――特定秘密保護法が、そうした政治文化を変える第一歩になるということはありませんか。

情報公開をめぐっては、これまでに一定の法整備がなされましたが、依然として日本の情報公開の水準は、諸外国とは比較になりません。その点で具体的な実践を積み重ねるのが先だと思います。

先ほども述べたように、私は一つの法律で、すぐに戦前に戻るといった議論はしません。戦後日本における蓄積についてはそれなりに評価しており、権利保障という点でも民主政治という点でも、一定の水準に達していることはそれなりに評価すべきだと思います。しかし、その日本でもっとも遅れているのが、情報公開の領域なのではないでしょうか。

2　安倍政治の背景

――安倍政権は、特定秘密保護法のほかにも、憲法九六条を改正して憲法改正を容易にしようとしたり、憲法九条の解釈を大幅に変えて、集団的自衛権の行使を可能にしようとしたりしています。また、NHKの人事が安倍首相に考え方の近い人脈によって独占されたことや、教科書検定への国の関与が強められるなどの動きがあります。日銀や内閣法制局など、従来は独立性が強いとされてきた機関のトップの首もすげかえられたりしています。この政権をどのように位置づければいいのでしょうか。

ご存じの通り、戦後保守政治は、もともと二つの流れから成っていました。一方には、吉田茂首相以来の、「軽武装」で経済成長を重視する路線があり、もう一方には、岸首相など、経済よりも憲法や治安を重視する路線がありました。基本的には前者が「保守本流」として主流を占め続け、後者が主導権を握ったのは例外的な時期だけです。憲法についても、自民党は結党以来、「自主憲法制定」を党是としてきましたが、実際にそのことを強調した首相は限られています。

安倍さんは、最初の政権時に、治安主義路線を強調しすぎたのが一因となって挫折したという判断から、返り咲いた今度は、まず「アベノミクス」の名のもとに経済成長路線を重視する戦略を採用しました。そちらの方向で一定の成果を挙げれば、安定した支持を背景に、本来自分がやりたい治安主義的路線の方を追求できる、という目論見だったのでしょう。しかし、いくら日銀総裁を味方につけて為替を円安に誘導したとしても、一部の輸出企業が潤うだけで、今では内需主体の日本経済が全体としてよくなるわけではなさそうです。それどころか、原材料を海外に依存する輸入企業は大きな打撃を受けています。そのあたりでいろいろと誤算があり、安倍さんの思惑通りに事が進んでいるわけではありません。

――民主党政権とは様変わりですね。

必ずしもそうではありません。確かに、いくつかの重要な政策的な違いもありますが、根本的なところで、この二〇年ほどの政治に連続性があることを見失うべきではない。いわゆる「政治改革」論議の中で強調されたのが、官僚等との関係で政治にリーダーシップを回復する「政治主導」という考え方でした。選挙で選ばれた政権は、次の選挙までは「独裁」に近いかたちで権力をふるってよい。選挙されていない官僚制などは、政治に従うべきである。政治に対する批判は、それぞれの局面で行われるべきではなく、選挙の際に、事後的に行われるべきであるとされました。

民主党政権は、こうした考え方を前のめりに実現しようとした。確かに、鳩山元首相が沖縄の基地の一部を県外に移そうとしたのは問題提起としてはきわめて重要でした。一部の地域に「迷惑施設」を一方的に押しつけることの非倫理性を訴えたのは当然です。しかし、彼は首相である自分がいえば、誰もがついて来るはずだと思いすぎていた。首相が最高権力者なのだから、従うはずだと。しかし、実際の権力の作用はそういうものではありません。こうして彼は挫折しました。その他にも民主党の政治家たちは、権力というものを「引き算」でとらえすぎていました。官僚から権力を奪えば権力は自動的に自分たちのところにくると。しかし、権力というものはむしろ「かけ算」に似ており、官僚が機能しなければ政治家も権力をふるえなくなってしまうのです。

「政治主導」に前のめりという点では大阪の橋下さんも同じですし、実は安倍さんもその延長上にあるのではないでしょうか。衆参で多数を占める与党勢力の長である自分は万能なはずだと思っているようです。自分に苦言を呈するような人びとは排除しますし、そうすることこそがむしろ本来の民主政治だと信じているようです。

――なぜ政治はそんなに前のめりになるのでしょうか。

経済との関係が大きいと思います。グローバル化する経済は、実際には政治にできることをどんどん縮小しています。先ほども述べたように、為替水準は現在のところ、主権国家が左右できる領域です。それにより、株式市場を操作することはある程度できるかもしれません。しかし、株価が上がったとしても、その利得は国民だけが得るわけではなく、今の日本市場でも、半分は外国からの投資となっています。さらに、企業は多国籍化しているので、一見日本の企業のように見えても、日本で法人税を納めるとは限らない。租税回避は深刻となりつつあります。主権国家が税を徴収できるという前提がゆらいでおり、そうなると、冒頭にお話したような、福祉を給付することでセキュリティを維持するという国家の重要な機能が果たせなくなってしまいます。
一般の人びとにとってもっとも関心があるのは、雇用の安定や賃金水準の上昇ですが、グローバル化した今日では、企業はより安い賃金を求めて海外に流出しますし、賃金は他国との競争で低下して行きます。そして、こうしたすべてについて、政治はなすすべもないのです。

――そんなに政治が無力化しているのに、なぜ政治は強気なのですか。

昔から「弱い犬ほどよく吠える」というように、無力化しつつあるからこそ、強気にふるまわざるを得ないのです。今述べた通り、今日では、国民経済という単位はかなりの程度相対化されています。しかし、政治的な決定単位は、依然として基本的には国民です。ここに根本的なズレがある。ギリシアの経済危機などにみられるように、財政破たんを防ぐためには、国民に大きな犠牲を求めなければならない場合もありますが、国民としてはそういうことは嫌がるわけです。民主政治は多数決が基本ですが、多数にとって不愉快な決定がどうすれば可能になるのか、実は解がない。強行すれば国民は怒り、政権を倒すでしょう。
そこで政権側としては、国内多数派の機嫌を損ねるような論点は避け、問題はすべて外国にあるか、あるいは国内の少数派や官僚制などの一部門にあるという問題設定をすることが「合理的」となります。このようにして、グローバル化が進めば進むほどナショナリズムが激化し、国内では少数派いじめや問題の単純化が流行する、ということになります。安倍政権も、基本的にこうした世界的な流れの中にあるとみています。しかし、こういうやり方をすることでグローバル化の「痛み」が、心理的に一瞬「癒された」としても、問題の根本的な解決にはつながりません。

――ずいぶん暗い見通しですね。どこに出口はあるのでしょうか。

出口はまだみつかっていない、というのが私の考えです。ごく最近まで私は、先ほどの保守政治のうちの前者の方向性、つまり経済主義的な路線を強調すれば、行き過ぎた治安主義やナショナリズムを中和することができると考えてきました。グローバル経済においては、外国との関係が悪くなれば損をすると指摘することによって。

しかし、最近、そうした説得法に自信を失っています。外国に対して「こわもて」で接し、防衛に関して強気に出た方が、経済面でも得をするはずだという漠然とした感覚が、社会に広がっているようにみえるからです。これは、最近議論されているような、「武器輸出三原則」の緩和により製造業を活性化するといった直接的な効果への期待に限られるものではありません。もっと漠然とした「好戦的大国主義」のようなものがはびこってきているようで、そうなると、ちょっと手の施しようがありません。

3　憲法論議のゆくえ

――安倍政権が憲法の条文改正や解釈改憲に意欲を燃やしているのは。

安倍政権は、昨年、憲法九六条を変えて改憲条件を大幅にゆるめ、そのうえで九条をはじめとして一連の改憲を行うという方向性を示しました。しかし、それは立憲主義を破壊するものだとの批判が強かったこともあってか、その後は九六条改憲論よりも、九条の解釈改憲を前面に出すようになりました。しかし、九条との関係でいえば、条文改憲論と解釈改憲論とはかなりの程度、緊張関係にあります。前者は、条文を変えなければ事態に対応できないという議論ですし、後者は、条文を変えなくても大丈夫だという議論だからです。こういう相互に矛盾したメッセージを発しながら、要するに、何が何でも九条を変えなければならないというのが彼らの主張です。

それでは、なぜそんなに無理をしてまで事を進めようとしているのか。政権側からいわれているのは、東アジア情勢の変化です。北朝鮮のミサイル開発、中国の軍拡などにより、日本周辺のリスクが増大しているので、それに対応するということです。確かに、現憲法がつくられた第二次大戦直後、東アジアの平和を乱す主体として日本だけが想定されていた時期とは事情は変わっているかもしれません。しかし、そのことが直ちに、憲法九条を空文化させたり条文改憲したりする必要性に結びつくわけではありません。

——なぜでしょうか。

首相の私的諮問機関などからは、セキュリティ対策について憲法が足を引っ張るのはおかしい、というメッセージが流れてきています。国がセキュリティを確保するために何をするかは、内閣の責任において自由に決定できるものだという考え方です。集団的自衛権の解釈は閣議決定で変更でき、「最終的には私の責任で判断する」という安倍首相の発言が飛び出したのも、こうした文脈にあります。戦後日本が直接的には武力行使をしないでこられたのは、憲法九条があったからではなく、国際情勢の中でそうなったにすぎず、直接的にはアメリカの「傘の下」にあったからにすぎないといった言い方もされています。

もちろん、歴史というものは一回かぎりのものですから、「もしも九条がなかったら」ということを議論しても水掛け論になるだけでしょう。しかし、日本が九条と共に抑制的な対応をしてきたことが、東アジア情勢を安定化させる効果をまったくもたなかったという議論は、どう考えてもバランスを欠いている。いま中国が軍拡しているのだから、日本も軍拡しなければならないというのは、軍拡競争の論理で、それ自体がセキュリティを低下させせかねない（安全保障のジレンマ）。

冒頭の議論とも関連しますが、私は国家がセキュリティ確保という目的をもつことを、頭から否定するつもりはありません。したがって、自衛隊違憲論は採りません。しかし、かといって自衛隊を「国防軍」のようなものにし、日本の防衛力をどんどん高めて行けば、セキュリティもどんどん高まるという単純なものではないことを理解すべきです。やりすぎは、逆効果になるだけです。しかも、憲法の条文を改正したり、憲法解釈を大幅に変えたりするのは、メッセージの効果という点できわめて危険です。

——どういうことでしょうか。

野田政権の時の、尖閣諸島国有化を思い出してください。当時の石原知事が東京都による所有に向けて動き、それがさまざまな挑発的な行動につながって、中国を刺激するのではないかとおそれた野田政権が、国有化を行いました。野田さんは、極右として知られる石原が出てくるよりは、国有化の方が穏便だと中国も理解すると思った。しかし、そうはなりませんでした。これは中国側のものの考え方にも問題はあるとは思いますが、彼らからすれば、都有化よりも国有化の方がはるかに挑発的に映ったのです。すべての権力は国家に集中するという主権論にもっとも強くとらわれているのが中国だからです。そして、そういう発想はしばらくは変わらないでしょう。

九条の条文改正はもとより、解釈改憲で集団的自衛権を打ち出すということも含めて、憲法に手をふれれば、日本が断固たる意思により再軍事化の方向に足を踏み出すというメッセージを、中国に対しても、他のアジア諸国に対しても与える。仮に、本当は日本にはそこまでの意図はないとしても、そう受け取られてしまいます。憲法の条文やその解釈を整備した方が法的に安定するので、外国も日本が暴走するという不安をもたないはずだという議論もありますが、国内的にしか通用しない議論です。そして、その結果、東アジアの情勢は今よりはるかに緊迫することになりかねない。まさにセキュリティ対策が逆効果を生むという回路です。

――外国の目ばかり気にして、自国の憲法を自由に変えられないのはおかしい、という意見も多いですが。

安倍さんだけでなく、大阪の橋下さんとかも含めて、そういう発想が根強いですね。そして、一般の人びとにもかなりの支持を得ている。主権国家なのだから自由にふるまえるはずだという、主権論です。しかし、今日では絵に描いたような主権など、どこにも存在しない。そんなものを信じているのは、東アジアの一部の時代遅れの国家くらいです。主権概念を構築したヨーロッパは、いち早くその限界を察知し、ＥＵをつくって自分たちで自発的に主権を相対化するという壮大な企てをやってきた。それが全部成功しているわけではないにしても、方向性としては正しい。

先ほども述べたように、経済領域を中心としてグローバル化した世界を前提にすると、それぞれの国が勝手にふるまおうとしても、できることは多くない。結局、周りの反応をみながら、調整しながら、おそるおそる何かをするというやり方しか、私たちには残されていないのです。そのことを認識する必要があります。

それなのに、実態としては、むしろ経済が思うようにならないからこそ、政治的な自律性を強調するという屈折した回路になっています。国民経済という単位はもはや成り立たないのに、国民という抽象的なものとの同一化を強調することで、安心感を得ようとする。対外的に強硬になることで、一種の「全能感」を得る。しかし、そうやって心理的なカタルシスがもたらされたとしても、事態は何も改善しません。

――憲法だけの問題ではなさそうですね。

その通りです。主権論というのは、対外的に全能であると同時に、対内的にも全能な、そういう権力を想定する考え方です。内閣法制局が政府の解釈改憲に対して、法律専門家として、従来の法解釈との整合性の観点から意見をいうことは許さない。さらには、公共放送が政府にとって都合の悪い報道をすることを許さず、思い通りのことをいうような人物をトップにすえる。

こうした一連の動きにみられるのは、政権中枢の意思を全面的に貫徹するのが民主政治だという偏った政治観であり、それだけが強調されるのは危険です。それに加えて、法制局や公共放送を黙らせようとするのは、視野を広くとって海外の反応を考えたり、時間軸を長くとって未来の評価を気にしたりすることを拒否しているのではないか、ということが気になります。視野が狭くて周りが見えず、目の前のことしか考えない。それが私たちの社会の姿であり、安倍政治のあり方は、その縮図にすぎないのかもしれません。

（この「インタビュー」は著者本人によって構成されたものである）

12

丸山眞男と日本社会——「現代における人間と政治」を中心に

（二〇一四年七月）

丸山眞男は同時代の日本社会をどう認識していたのか。そして、彼の言説を今読むことはどのような意味をもつのか。ここでは一九六一年の彼の評論「現代における人間と政治」を中心に、他の文章にも若干ふれながら考えてみたい。私見では、「現代における人間と政治」は、丸山の残した著作の中でも、独特の重要性をもつ。第二次大戦の終結後、丸山は、「超国家主義の論理と心理」（一九四六年）や「軍国支配者の精神形態」（一九四九年）で、戦後日本のプロジェクトを指し示した。すなわち、戦前・戦中の日本社会のいわば「宿痾」であった問題点を摘出し、それに対する処方箋を暗示した。しかるに丸山は、六〇年代に入ると、問題が再来しつつあることを意識しなければならなかった。そうした中で書かれたのが、「現代における人間と政治」なのである。

筆者は、二〇一一年三月一一日の大震災とそれに続く原発事故が起こるまでは、丸山の分析や対策論は、さすがに古びたのではないかと思っていた。戦後日本がそれなりに蓄積してきたものを信じたからである。しかしながら、そうした考えは、震災と事故の経験の中で吹き飛ばされた。日本社会においては、依然として丸山の分析枠組が圧倒的な有効性をもっている。そのことの意味を考えるのも本稿の課題である。

1 「無責任の体系」と「権力の統合」

丸山は「軍国支配者の精神形態」（杉田敦編『丸山眞男セレクション』平凡社ライブラリー、二〇一〇年、一三一頁以下）で、戦前の日本に見られたような、誰が決定しているかわからず誰も責任を負わない決定過程の問題を指摘し、これを「無責任の体系」と呼んで批判した。ナチス・ドイツの幹部が自ら決定したと認めたのに対し、日本の幹部たちは、自分は決めようとは思わなかったが、場の雰囲気が抗しがたかったなどと主張したのである。

戦後日本は、軍事的な伸長をひとまず封印したことによって、「無責任の体系」からは遠ざかったかのようにも見えた。しかしながら、福島第一原発事故の政府事故調査委員会と民間事故調査委員会は、異口同音に、戦後日本のエネルギー源を供給した「原子力体制」が一種の「無責任の体系」であったことを指摘した[1]。すなわち、政・官・財・学を横断するかたちで、誰も責任を負わないようなシステムがつくられた。そこでは、政治家に加えて民間会社としての電力会社と官僚、学者などが、互いに責任をなすりつけ合うかたちで、不徹底な安全対策を承認してしまったのである。津波対策が不十分ではないかと思った人もいたが、いい出せなかった。それは、日本の開戦に不安をもちながらもいい出せなかったかつての政治家らと同じであった。

丸山自身は、こうした「無責任の体系」に「権力の統合」によって対抗すべきだという方向性を示した。明治以来、日本は「多頭一身の怪物」ともいうべき過度に多元的な統治構造をもち、それが「無責任の体系」を生み出したというのが丸山の見立てであった。このような彼の認識は、近代国家の理念型を、彼がカール・シュミットの主権論的な国家論を通じて把握していたことと深くかかわる[2]。シュミットは、政治的な単位とは決定をする単位であり、一元的な決定がないところに政治はないと考えた。丸山は、公私二分論の重要性や、それと関係する「中立国家」の理念、すなわち国家は人の精神的領域にまでは介入しないという理念と共に、安定した政治決定を国家の必要条件と見なした。丸山のシュミットからの影響は部分的であり、彼は、政治を「友」と「敵」の対立関係に還元するシュミットの対立重視の政治論までは導入していないが、近代国家観においては強い影響を受けたのである。

「権力の統合」を重視する政治観は、丸山以後の日本の政治学において主流の位置を占めてきた。近年でいえば、佐々木毅は丸山を引用するにあたり、ほとんどつねに「権力の統合」に言及する[3]。丸山には実は多元主義的な契機もあり、一九世紀フランスの政治思想家アレクシ・ド・トクヴィルらを参照しながら、日本史に多元的な権力構成を求め、中世日本社会においては、主君への忠誠心ゆえに、かえって臣下が主君を諫めることがあったと指摘したこともある（『忠誠と反逆』）。しかし、丸山のこうした側面はあまり参照されず、とりわけ九〇年代以来の「政治改革」論議において、日本の政党政治はあまりに多元的である点に問題があり、二大政党制的に二者択一にし、任期中は政権与党による「期限付きの独裁」を認めるべきであるといった考え方が強調された。

しかしながら筆者は、丸山の「権力の統合」論については、それが仮に戦後初期においては有効性をもっていたとしても、現代においてそのまま通じるものではないと考える。「期限付きの独裁」はいくら期限付きであったとしても、取り返しのつかないような決定をなしうるのであり、その危険を弱めるためには、重要な決定にあたっては、多様な意見を聞きながら、熟議を深めることが不可欠である。現在、日本では、海外における武力の行使といった重大な問題について、憲法上の制約を弱め、時の政府の裁量的な判断の余地を大きく広げるような方向性が示されている。また、「原子力体制」についていえば、事故発生からしばらくは、批判的な言説が強かったが、元のままの体制をいわば「再稼働」しようとする動きが見られる。

決定過程を一元化すればいいという考え方からすれば、このほど新設された国家安全保障会議のように戦争を管轄する政府機関をつくり、あるいは原発を国有化し、担当大臣の権力を強めれば、問題は解決するということになろう。しかし、国家的なリスクと裏腹の、軍事的な武力行使や巨大なエネルギー生産様式自体が問題であり、権限を集中したところでリスクを十分に低下させられないとすれば、そうしたやり方そのものを断念すべきだと論じることもできる。

2 「現実主義」とは何か

丸山の「権力の統合」論は、丸山の政治観のある一面であり、彼はそれを政治においてあるべき唯一の方向性と見なしていたわけではない。それは、丸山自身が、「現実主義」という概念についての従来の見方を批判する議論を展開したこと（「「現実」主義の陥穽」『丸山眞男セレクション』二四五頁以下）と深くかかわる。

丸山によれば、人びとは一般に、「現実」というものが所与であり、変えられないと見なしがちである。つまり「既成事実に屈服」することを現実的とする。こうして人びとは、戦前の日本においては、軍事的・外交的に積み重ねられた既成事実の数々を受け容れ、どうにもならないところに導かれて行った。そこでは「現実」は、所与であるだけでなく、一つの方向しかもたないものとされる。実際には、よく見れば、ある状況の中には多数の方向性が同時に存在している。ところが、そのうちの一つだけを絶対視し、ほかの方向性については、根拠なく無視してしまうのである。

しかも、その場合、日本の人びとが何よりも重視するのは「その時々の支配権力が選択する方向」である。政府がいっていることは「現実的」であり、それと違う議論は「非現実的」・「観念的」だとされる。丸山は、イギリスなどのヨーロッパ諸国が、多様な戦略をとっているのに対し、日本では対米追随だけが「現実的」とされていることを批判する。

実際にはさまざまな「可能性の束」があり、私たちはその中から選ぶことができるのである。現状追認しかない、などと決めつけず、より良いと思われる方向に向けて、現実を少しずつ動かして行くこともできる。現実とは固定的なものではなく、時間軸をもった過程なのであるから、というのである。

ただし、ここで問題となりうるのは、より良い方向性とは何かである。歴史には固定的な方向性が存在するのか否か。丸山はその初期の論文（「近世日本政治思想における「自然」と「作為」」等）以来、思想の内在的な崩壊過程として歴史を描いた。朱子学的な思考様式の自壊が徳川体制の崩壊をもたらしたといった説明は、経済的な「下部構造」の変化による必然的な歴史発展という、マルクス主義的な発展段階説や唯物史観への批判という意味をもっていた。しかし、それなら歴史には方向性がないとされるかといえばそうではない。

政府の動向が「現実的」であり、民衆が求める方向は「観念的」にすぎないといった固定観念があるが、丸山によれば、それはむしろ「太く短い」、すなわち短期的には強力だが歴史の長い方向性とは一致しないような現実性と、「細く長い」現実性、すなわち一見力がなくても、次第に実現して行く方向性との対比なのである。

民衆の間の動向は権力者の側ほど組織化されていず、また必ずしもマス・コミュニケーションの軌道に乗りませんから、いつでも表面的にはそれほど派手に見えませんが、少し長い目で見れば、むしろ現実を動かしている最終の力がそこにあることは歴史の常識です（『セレクション』二五二―三頁）。

短期的には逆向きの動きをはらみ、いわば蛇行しつつも、それでも歴史には一定の不可逆性があるのではないかという丸山の考え方、ヘーゲルの歴史哲学における「理性の狡知」を思わせるこうした認識をどうとらえるか。筆者自身、「権力者」よりも「民衆」がつねに長い目で物事を見られるといった発想、民衆の側に究極的な理があるといった発想は、必ずしもつねに根拠があるわけではなく、丸山自身の政治的立場からする希望的な観測ではないかという印象をかつてもっていた。しかしながら、たとえば今日、世界中でさまざまな差別がなお厳然として存在するが、差別を露骨に正当化するような言説は不可能になりつつあることも事実である。レイシストも、自らがレイシストであるとはけっして認めようとしない。このことは、「レイシズムは悪い」という認識そのものは定着していることを示している。こうした事実を見るかぎり、歴史というものに一定の不可逆性があることはやはり否定できないのではないかと思うようになった。そうした観点からすれば、さまざまな可能性の束からの選択にあたって参照すべき基準を、私たちがまったくもっていないわけではないであろう。

むしろ、「権力者」の結論に「民衆」の結論を対置するという単純な図式では機能しないというところにこそ、本当の困難はある。丸山は、六〇年安保闘争などを経験する中で、そのことを改めて強く認識することとなった。

3 「逆さの時代」における内外の境界

そこで、六一年の「現代における人間と政治」の分析に入ろう。「超国家主義」の崩壊によって、一度は顔をのぞかせた青空が、再び暗雲におおわれつつある。そうした不安感が、この文章の基調をなしている。現代は「逆さの時代」に入りつつある。すなわち効率性などが極度に追求された結果として、日常性そのものが失われ、本来の価値観が転倒した社会の中に人びとは生きている。こうした指摘自体は、マルクス主義的な疎外論や、フランクフルト学派の「道具的理性」批判と通じ合うものであるといえよう。

注目されるのは、こうした「逆さの時代」にあって、それが「逆さ」であることを人びとが意識しなくなる点にこそ最大の問題があるという丸山の指摘である。

（チャップリンの映画「モダン・タイムス」の場面が暗示するのは）「逆さの世界」の住人にとっては、逆さの世界が逆さとして意識されないという点なのだ。倒錯した世界に知性と感覚を封じ込められ、逆さのイメージが日常化した人間にとっては、正常なイメージがかえって倒錯と映る。ここでは非常識が常識として通用し、正気は反対に狂気として扱われる（『セレクション』三九七頁）。

自らが、これはおかしいと思って発言しても、周りはそれをまったく受け容れず、強く主張すれば狂人とされかねない。こうした恐怖は、ナチスによる思想統制（グライヒシャルトゥング）との関係で主として描かれ、スターリニズム下のロシアや東欧、そして「暗い谷間」の日本帝国などが例示される（『セレクション』四一三頁）。しかしながら、そうした極端な事例は、極端であるがゆえに、現代の問題には必ずしもつながって来ない。例外であり普遍性をもたないと見なされてしまうからである。これに対し、丸山の同時代分析の中で大きな位置を占めているのは、何よりもまずマッカーシズムであると考えられる。戦後日本にとって、その民主化の方向性を大きく規定したアメリカが、早くも五〇年代には馬脚を現したことは、丸山にとっても、きわめて重大な意味をもっていたであろう。それは、「逆さの時代」が過去ではなく現在でもあるということを意味していたからである。

それでは、私たちは「逆さの時代」に対して、どのように対応すべきなのか。「グライヒシャルトゥング」を経験したドイツの聖職者マルチン・ニーメラーの述懐を、丸山は引用する。

「ナチが共産主義者を襲ったとき、自分はやや不安になった。けれども結局自分は共産主義者でなかったので何もしなかった。（中略）それから学校が、新聞が、ユダヤ人が、というふうに次々と攻撃の手が加わり、そのたびに自分の不安は増したが、なおも何事も行わなかった。さてそれからナチは教会を攻撃した。そうして自分はまさに教会の人間であった。そこで自分は何事かをした。しかしそのときにはすでに手遅れであった」（『セレクション』四一一頁）。

ニーメラー自身は、この経験から「端初に抵抗せよ」という教訓を得た。実際、今日まで、ニーメラーの警句が引用される場合には、ほぼ例外なく、私たちは政治弾圧に対してはどんなに敏感であっても敏感すぎることはなく、反対派への権力行使と見えるものにはすべて反対すべきであり、それを怠ればナチスのような事態を招いてしまう、という趣旨で言及される。目的のためには手段を選ばず、暴力的な闘争を行う（あるいは行った）ような、いわゆる「過激派」に対してさえ、それと連帯しないことは、権力の犬に成り下がることを意味する、といった批判が、体制批判派の内部から寄せられる。

しかしながら、丸山は、そのような単純なことをいっているわけではない。権力は、権力中心に近い「内側」と反体制的な「外側」とを区分し、「外側」すなわち異端を排斥する。ここまではよくある議論である。社会が体制側と反体制側とに二分されるだけなら、反体制側が一丸となって体制側に対抗するということが可能になろう。ところが丸山によれば、そうはならない。「内側」に「正統」としての中心がある一方で、「外側」の中にも中心がつくられて行く。そして、「内側」と「外側」のそれぞれが、それぞれの中心に凝縮することによって、「内側」と「外側」との間の壁は高くなり、両者の間の距離は開き、媒介不能なものになって行く。すなわち、社会は分断されてしまうのである。

このように、反体制的な「外側」の中にも中心と周縁とがつくられることの深刻さを指摘したところに、丸山の非凡さがある。「外側」の内部での中心と周縁との対立とは、日本近代史に即していえば、日本共産党などが反体制派内の「正統」の位置を占めたのに対し、それ以外の部分が周縁に追いやられたという経緯を示している。

「外側」の中の分断はどのようにしてなされて行くのか。ニーメラーは、最過激派、つまり反体制の中の中心が弾圧された段階で、政府批判に向かうべきだったと反省した。しかし、社会の大多数の人びとは、可能なかぎり、今の体制の中で生きて行きたいと思っている。そうした人びとにとって、最過激派など、自分たちにとって無縁なものとしか思えないので、誰かが最過激派に連帯せよと主張しても、拒否反応を起こすだけである。極端な過激派の存在が、社会の中で反体制派が幅広い連帯をつくり出すのを阻むのである。こうした力学は、日本に限らず、世界のさまざまな場所で目撃されてきた。

丸山によれば、知識人というものの本来の役割は、境界線あたりに立って内側と外側の両者をつなぎ、社会の再組織化を果たすことにある。そうした知識人が、ニーメラーの忠告通りに、鋭敏に権力の臭いを嗅ぎつけて、過激派と連帯しようとしたとして、人びとは付いてくるだろうか。来ない、というのが丸山の見立てである。彼らは単なる「おどかし屋」(『セレクション』四一四頁)と見なされ、孤立してしまう。他方で、彼らがどのように慎重にふるまったとしても、体制側に近い「内側」から見れば、彼らも所詮は「外側」であり、排除されるべき存在である。このようにして、境界線あたりにいる知識人は、両側から裏切り者として攻撃され、無力化されがちだということを、丸山は述べているのである。そして、こうした知識人の孤立によって、社会変革は困難になって行く。

4　丸山と現代

このような文脈は、最近の日本政治でも見てとれる。安倍政権は、特定秘密保護法の制定過程や、集団的自衛権行使容認の閣議決定過程で、きわめて粗雑な権力運用の仕方を示した。そうした、人びとが権力への警戒心をもつのが当然であるような案件については、国民の不安を減らすため、恣意的な運用を妨げるさまざまな制度的な手立てをしたり、丁寧な説明をしたりするのが当然である。しかし、政権はそのような配慮をしなかった。

その結果として何が起こったか。政府への不信感はいよいよ強まり、権力のあらゆる作用に対して基本的に批判的に臨むような、旧来型の左派が再生産されたのである。つまり、丸山の図式でいえば、「外側」の中心が強まり、「内側」と「外側」との分断が進んだ。このことは、日本政治にとってマイナスの効果をもたらすように思われる。権力を警戒するという自由主義はつねに必要であるが、同時に、権力の生産的な側面を認めないかぎり、福祉国家などを実現することはできない。福祉国家は強力な徴税機構と、権力的な再配分を要するからである。こうした側面への認識を欠いていたことが、戦後日本における左派が、ヨーロッパ型の社会民主主義勢力に脱皮できなかった根本的な理由である。

そして、「外側」の左派がその中心にこり固まることによって、社会の大多数の人びとから見てごく例外的な、取るに足らない部分と見なされるようになれば、「内側」への求心化は際限なく進んで行く。

こうした危険を避けるには何が必要か。丸山は、内外の境界にある知識人が「内側の住人の実感から遊離」することなく、しかも「内側を通じて内側をこえる展望を示す」ことに可能性を見出すが、その記述は抽象的なものにとどまっている。そもそも、それは容易なことではない。たとえば、安倍政権の「内側」から暴力的な攻撃がなされている以上、本来、境界にいたはずの知識人も最も「外側」の部分と連帯せざるを得ないという考えをもちがちになる。しかし、完全にそうなってしまえば、かえって「内側」を利することになる。そこで、知識人は両側に目配りしながら、何とかつないで行く役割を果たさなければならない。両側からの疑惑の目を堪え忍びながら。

丸山が、生涯を通じて、あるべき知識人の姿として注目したのは福沢諭吉であった（「福沢諭吉の哲学」『セレクション』八一頁以下など）。福沢には時事的な発言が多く、時によって、一見したところ矛盾した発言もしている。しかし、丸山によればそれは単なる一貫性のなさではなく、それぞれの状況に応じるかたちで「議論の本位を定る」（『セレクション』八七頁）こと、つまり「問題を具体的状況に定着させること」により、柔軟な対応をしたにすぎないのである。こうした福沢の姿に、丸山は明らかに、戦後知識人としての自らの姿を重ね合わせる。そして、それは今日の私たちにとっても無縁なものではない。日本政治が大きく転回し、再び「超国家主義」の影が具体的な輪郭をもって迫りつつある現在、そして、福島の原発事故が終熄しないにもかかわらず、戦後の「原子力体制」の「再稼働」が試みられつつある現在、半世紀前に丸山が感じた危機は、私たち自身のそれであるかのように迫ってくるのである。

注

（1）東京電力福島原子力発電所における事故調査・検証委員会『政府事故調　中間・最終報告書』メディアランド、二〇一二年。福島原発事故独立検証委員会『福島原発事故独立検証委員会　調査・検証報告書』ディスカヴァー・トゥエンティワン、二〇一二年。

（2）權左武志「丸山眞男の政治思想とカール・シュミット」『思想』九〇三号、九〇四号、一九九九年。

（3）佐々木毅『政治の精神』岩波書店、二〇〇九年。

あとがき

本書は過去一〇年弱の間に、それぞれの文脈で書かれた文章をまとめたものである。書き下ろしの本シリーズで、この体裁は異例であり、大幅に遅れた後にこうした形でしか刊行できなかったことを読者、編者、出版元におわびしたい。

この間に社会では、経済のグローバル化が進行し、それと共に政治の機能不全が目につくようになってきた。そして、二〇一一年の大震災と原発事故は、危機の深刻さを浮き彫りにした。

政治とは何か、権力は何をもたらすのか、国家の役割は何か、国民とは誰なのかといった諸問題は、一般には改めて問う必要のない自明なものであるかのようにあつかわれている。しかし本書では、それらが根底から見つめ直され、事柄に伴う両義性が強調されたあげく、読者は宙吊りのまま放置される。

このような本書の立場には、批判もあろう。しかし、どうにも整理がつかないような事態が進行する一方で、政治的な決断主義への希求が強まるいま、立ち止まって考え続けることだけが、唯一の可能性なのかもしれないのである。

二〇一五年八月

杉田　敦

［初出一覧］

1. 「「生権力」はどのように現れるか」『談』七五号〈特集バイオ・パワー――利用される生きる「力」〉、たばこ総合研究センター、二〇〇六年二月、所収。

2. 「生権力と国家――境界線をめぐって」塩川伸明・中谷和弘編『法の再構築Ⅱ　国際化と法』東京大学出版会、二〇〇七年四月、所収。

3. 「憲法とナショナリズム」長谷部恭男ほか編『岩波講座・憲法3　ネーションと市民』岩波書店、二〇〇七年六月、所収。

4. 「道徳的非難の政治を超えて――「ネオリベ」排除は自明か?」『世界』七八八号、岩波書店、二〇〇九年三月、所収。

5. 「社会統合の境界線」齋藤純一編『自由への問い1　社会統合』岩波書店、二〇〇九年一一月、所収。

6. 「国境と人権」市野川容孝編『講座・人権論の再定位1　人権の再問』法律文化社、二〇一一年一月、所収。

7. 「「3・11」以後のデモクラシー」辻山幸宣・上林陽治編『自治総研ブックレット13　虚構の政治力と民意』公人社、二〇一二年三月、所収。

8. 「「決められない政治」とポピュリズム」『世界』八三五号、岩波書店、二〇一二年一〇月、所収。

9．「代表制の「不可能性」ゆえに、多様な回路を模索する」『ａｔプラス』一八号、太田出版、二〇一三年一一月、所収。

10．「周辺化・脱領域化される政治――政治学の何が問題か」『世界』八五三号、岩波書店、二〇一四年二月、所収。

11．「秘密保護法と治安政治の文脈」村井敏邦・田島泰彦編『別冊法学セミナー・新総合特集シリーズ5　特定秘密保護法とその先にあるもの』日本評論社、二〇一四年五月、所収。

12．「丸山眞男と日本社会――「現代における人間と政治」を中心に」峨山政策研究院主催「丸山眞男・生誕一〇〇周年記念韓日国際学術会議」（ソウル）での発表、二〇一四年七月（原題「丸山眞男の同時代分析」）。

杉田　敦（すぎた・あつし）

1959年生まれ。東京大学法学部卒。現在、法政大学法学部教授。政治理論専攻。
著書に『政治的思考』（岩波新書、2013年）、『政治への想像力』（岩波書店、2009年）、『境界線の政治学』（岩波書店、2005年）など。

両義性のポリティーク

2015年9月20日　　初版第1刷発行

著　者　杉　田　　敦
発行者　犬　塚　　満

発行所　株式会社風行社
〒101-0052 東京都千代田区神田小川町3-26-20
電話 03-6672-4001／振替 00190-1-537252

印刷・製本　モリモト印刷株式会社
装　丁　狭山トオル

　ISBN978-4-938662-77-6

シリーズ『政治理論のパラダイム転換』発刊にあたって

二〇世紀末から世界は大きな変動期に入っていったが、政治理論の世界も大きな転換期にさしかかっている。アレクシス・ド・トクヴィルは、古典的名著『アメリカにおける民主主義』（一八三五年、一八四〇年）の序文において、注目すべき時代観察を書き記している。「それ自体がきわめて新しい社会には、新しい政治学が必要とされる。」二一世紀初頭の今、このトクヴィルの指摘は、われわれの時代的な観察および実感と呼応しているように思われる。

主権的国民国家、権力政治、支配と被支配のメカニズム、利益政治、議会主義、政党政治など、これまで既存の政治理論のパラダイムを組み立ててきたさまざまな制度や理念的前提が、グローバルな規模で挑戦を受け、激動する社会と政治の現実に対してズレを示し始め、既存の認識枠組みでは十分に説明できない「変則性」（anomalies／トーマス・クーン）を示し始めている。環境問題、情報化社会の出現、グローバリゼーション、民族紛争、テロリズムと報復戦争の悪循環、持てる者と持たざる者との地球規模の構造的格差など、現代世界は大きな変容を示している。しかし、現今の政治学の状況は、こうした世界の激動に相即する新たな認識枠組みおよび分析枠組みを必ずしも構築し得ているわけではない。つまり、今日の政治学は、新たな政治理論のパラダイムを取得し得ているわけではなく、その具体的形姿を示し得ているわけでもない。事実、現今の政治学は、いまだに政治理論のパラダイム転換を模索する途上にあり、しかもそうした摸索の試みの初期の段階にあるといえよう。

本シリーズは、こうした激動する社会と政治の現実および知の今日的展開を踏まえつつ、政治理論のパラダイム転換にむけて、政治学の諸種の基本概念やイデオロギーや制度構想の再検討を行うさまざまな試図を表している。本シリーズにおいて再検討と再吟味に付されるテーマには、主権国家、市民社会論、平等、環境、生命、戦争と平和、市民的不服従、共和主義、コミュニタリアニズム、リベラリズム、デモクラシー、ナショナリズム、連邦主義などである。本シリーズは、こうした再検討の作業を通じて、三つの課題を追求しようと試みている。第一の課題は、政治理論ないし政治思想の基本概念、イデオロギー、制度構想の変容過程を仔細にフォローしつつ、その意味内容を精確に認識することである。第二の課題は、第一の作業を踏まえて、そのような基本概念、イデオロギー、制度構想が、現代においてどのような意味合いと役割を持ち得ているのかを、種々の角度から具体的に問い直し、今日の社会、政治、世界に対して行動および政策の規範や指針や方向づけを提示することである。そして第三の課題は、とりわけ日本の現状を問い直しつつ、日本の社会状況および政治状況に対して、分析と批判、方向づけと提言を行っていくことである。こうして本シリーズの目標は、政治理論の分野において新しい知のパラダイムを模索していく過程で、幾多の啓発的かつ果敢な理論的試みを示していくことにほかならない。

（シリーズ編者）千葉 眞／古賀敬太

シリーズ **政治理論のパラダイム転換**

千葉眞・古賀敬太編

（全12巻／四六判／上製）

【既刊】

現代のコミュニタリアニズムと「第三の道」 ＝菊池理夫 3000円

市民的不服従 ＝寺島俊穂 3000円

大衆社会とデモクラシー ＝山田竜作 3000円
——大衆・階級・市民

環境政治理論 ＝丸山正次 3000円

連邦主義とコスモポリタニズム ＝千葉眞 3300円
——思想・運動・制度構想

コスモポリタニズムの挑戦 ＝古賀敬太 3800円
——その思想史的考察

平等の政治理論 ＝木部尚志 3500円
——〈品位ある平等〉にむけて

両義性のポリティーク ＝杉田敦 2300円

・・・

【続刊】（順不同。いずれも仮題）

市民社会論の可能性を開く ＝岡本仁宏

帝国とコモンウェルス ＝木村俊道
——「ブリテン」の記憶

リベラル・ナショナリズムの地平 ＝富沢克
——リベラリズムの〈真理〉とナショナリズムの〈真理〉

共和主義 ＝的射場敬一